이방인이 본 조선의 풍경

이방인이 본

조선의 풍경

신복룡 지음

집문당

새 천 년이 시작되었다고 모두가 법석이지만
어제 뜬 해와 오늘 뜬 해가 무엇이 다른가?
유구한 역사 속에 수유須臾와 같은 세월이
그렇게 흘러가고 있을 뿐이다.
그런즉 역사 앞에 겸허히 서서
온 길을 돌아보고
갈 길을 고뇌하는 길밖에 없다.
왜냐하면,
"지나온 길을 돌아보면
어디로 가야 할지를 알게 되기 때문이다."

– 서문 가운데에서

이방인이 본 조선의 풍경

2022년 4월 30일 전정 개정3판 1쇄
(초판 : 『이방인이 본 조선 다시 읽기』, 풀빛, 2002)

저자 | 신복룡
발행인 | 임동규
발행처 | **(주)집문당**
등록 | 1971. 3. 23. 제2012-000069호
주소 | 03134 서울시 종로구 돈화문로 82, 5층
전화 | +82-1811-7567
이메일 | sale@jipmoon.com
홈페이지 | www.jipmoon.com

ISBN 978-89-303-1927-0 03910

가격 22,000원

(주)집문당 이순신돋움체B (저작권자 아산시, 무료글꼴)

다시 쓰는 개정판 서문

[1] 이 책은 내가 그동안 심혈을 기울였던 『한말 외국인 기록』 전 23권에 대한 해제解題이다. 전집의 출간을 마쳤을 때 그에 대한 해제가 필요하다는 출판사와 독자들의 요구로 20년 전에 쓴 것이다. 그때의 책 제목은 『이방인이 본 조선 다시 읽기』였다. 그 사이에 재쇄를 계속하다가 출판사의 경영이 뜻과 같지 않아 절판되고 e-book으로만 읽히고 있었다.

그러다가 2020년도에 『한말 외국인 기록』을 전면 수정하여 새 단장으로 출판하게 된 것을 계기로, 이 해제도 증보하여 다시 펴내게 되었다. 이왕에 다시 낼 바에는 『한말 외국인 기록』을 출판한 집문당에서 세트로 출판하는 것이 좋겠다고 생각하고 있던 차에 임동규林東奎 사장의 호의로 다시 빛을 보게 되어 기쁘다.

[2] 전정판 서문을 다시 쓰는 심정이 착잡하다. 흔히 재판의 서문을 쓰는 것은 가슴 뿌듯한 일이겠지만, 이번 경우에는 그리 가슴 벅찬 일만은 아니다. 내 나이 이제 80세, 어쩌면 다시 개정판 서문을 쓸 기회가 없을지도 모른다는 생각이 가슴을 압박하기 때문이다. 평소에 "3판이 나오기까지 필자는 자기 책을 장담할 수 없다."는 생각을 가

졌지만, 이 책도 어언 20년의 스테디셀러로 자리 잡은 데 대한 대견함도 없는 바는 아니다.

[3] 이 책의 모본母本이 되는 『한말 외국인 기록』 23권 가운데 첫권인 헐버트Homer B. Hulbert의 『대한제국멸망사』가 『대한제국사서설』이라는 이름으로 처음 출판된 것이 1973년이었으니, 이 척박한 한국 출판계에서 이 전집의 수명도 어언 50년의 장기 도서가 된 것이 과분하다. 비단 나의 책 얘기만은 아니지만 주로 나의 저서를 언급한 구글의 댓글이 대체로 3만~5만 건을 오르내리는 점에 대해서도 기쁘고 독자들에게 감사하게 생각한다. 좋은 얘기만 실린 것은 아니지만, 이 책이 뭔가 읽을거리가 된 것만으로도 기쁘다.

[4] 2020년에 현대아산연구원의 서평 회의에서 과분하게도 내 책을 다룬 적이 있는데, 그 자리에서 어느 젊은 학자가, “한국에서의 개화기 연구사研究史는 신복룡 교수의 『한말 외국인 기록』 23권이 나오기 전과 후로 시대 구분을 할 수 있다.”고 발언했을 때 나는 잠시 정신이 몽롱했다. 내가 대단해서가 아니라, “헛되게 살지는 않았구나.” 하는 생각이 들면서, 그동안 50년에 겪었던 애환이 주마등처럼 지나갔다.

그렇다고 해서 지난 세월 동안 나의 역사 공부가 늘 행복했던 것만은 아니다. 내가 박사 학위 논문을 쓰던 무렵인 1960년대 말에 나는 논문의 자료로 서구의 문헌을 많이 인용했었다. 나는 한국사를 쓰면서 우리의 자료를 소홀히 여긴 적은 없지만, 될 수 있으면 서구 문헌도 많이 읽어 지평과 시야를 넓혀보고 싶었다.

그런데 심사 위원 가운데 영남 유생을 자처하는 한 사학과 교수가 각주와 참고 문헌을 보더니, "이 서양의 자료가 무슨 가치가 있느냐?"고 일갈하면서 당장 다시 쓰라는 것이었다. 나도 놀랐지만, 같은 심사 위원 가운데 구미 출신 학자들이 변호하여 나의 글쓰기가 완전히 무시된 것은 아니나, 그 사건은 나에게 큰 상처로 오래 남았다.

나는 정치학이 전공이지만 나의 정체성은 역사학도였다. 나는 딴에는 열심히 살았으나, 역사학계의 모임에 가면 나는 늘 "변방에 우짖는 새"에 지나지 않았다. 물론 나를 따뜻하게 맞이해준 사학계의 위아래 학자들이 많이 계시고, 그분들에게 고마움을 잊은 적이 없지만, 분류사에 대한 사학계의 싸늘한 눈길과 따돌림으로 나는 많은 상처를 받았다.

2013년 12월 23일에 대한민국역사박물관 개관 1주년 국제회의가 열렸는데 과분하게도 나는 기조 강연을 청탁받았다. 정말로 열심히 준비했다. 그런데 그 학술 논문이 단행본으로 출판되었는데 명색이 기조 강연인 나의 글이 빠져 있었다. 너무 어이가 없어 주최 측에 연유를 물었더니 그 어느 명문 대학 사학과와 역사교육과 교수들이 "이 중요한 논문집에 어떻게 건국대학교 정치학과 교수의 글을 머릿글로 실을 수 있는가?"라고 너무도 완강하게 반대하여 뺄 수밖에 없었다고 대답했다. 이것은 내가 대학 nepotism으로 겪은 가장 가슴 아픈 사연 가운데 하나였다.

[5] 나는 잘난 것도 없고 이룬 것도 없지만, 분류사라는 약점을 극복하고자 열심히 살았다. 그러나 국사학계가 나를 보는 눈은 늘 싸늘했

다. 그렇다고 해서 그들이 나보다 잘난 것도 없고, 내가 그들만 못한 것도 없었다. 나는 진실로 바라건대 사학계 특히 국사학계가 대롱 시각管見에서 벗어나 가슴을 열기 바란다. 이는 그들이나 나 같은 소외된 학도를 위해서가 아니라 이 나라 사학계를 위해 진실로 내가 호소하고자 하는 점이다.

이제 바야흐로 국경이 허물어지는 글로벌 시대가 왔다. 학문의 장벽도 많이 무너졌다. 우리 역사학계도 시좌를 넓혀 세계사 속의 한국사를 고민하는 시대가 왔다. 비록 부족하지만, 이 글과 전집이 근현대사 연구에 한 수저[一匙]의 보탬이 될 수만 있다면 더 바랄 것이 없다.

[6] 역사를 살아가는 사람들에게는 그의 당대가 늘 격동으로 느껴진다는데, 최근 몇 년 동안 참으로 힘든 시대를 살았다. 이렇게 어려운 환경 가운데 책을 만드느라고 고생하신 집문당의 임동규 사장님, 그리고 염천에 고생하신 임용우 디자인 부장님, 전정아 편집부장님, 편집부 김예린 선생님께 깊이 감사를 드린다.

2022년 3 · 1절에

신복룡 씀

글을 시작하며 : 초판 서문

흔히들 "역사에서 배운다"고 말하지만, 도대체 그 역사란 무엇일까? 카아E. H. Carr의 말을 빌리면 "역사란 과거가 현재에게 들려주는 대화"라고 하는데 이런 뜻에서 본다면, 아마도 역사는 "고급스러운 얘기"(high story = hi-story = history)가 아닌가 생각된다. 여기에서 고급스럽다는 말은 그것이 담고 있는 교훈을 의미할 수도 있다. 아무리 시대가 바뀌었다 하더라도 그러한 교훈은 있기 마련이며 이를 소홀히 여긴 민족은 역사의 아픔을 되풀이한다는 것이 역사가 주는 첫 번째 교훈일 것이다.

급작스럽게 다가온 산업 사회, 그리고 소득 1만 달러의 흥청거림 속에 취생몽사하던 우리에게 IMF라는 사태는 예기하지 못했던 것이 아니었다. 그 이유는 보는 이의 입장에 따라 각기 다를 수 있지만 어쩌면 역사의 교훈을 소홀히 한 데에서도 그 한 원인을 찾을 수 있을 것이다.

왜냐하면 우리는 그리 멀지도 않은 백 년 전에 그와 같은 국가 위기를 체험했기 때문이다. 백 년이면 오랜 세월일 수도 있으나 유구한 역사에 비춰보면 그것은 찰나일 수도 있고 바로 현대사일 수도 있다. 바로 그 어제의 교훈을 일찍 망각한 업보가 오늘의 가슴앓이로 나타나고 있는 것인지도 모른다.

따라서 백 년 전의 구한말 풍운을 되돌아보면서 지금을 반추해 보고자 하는 것이 이 글의 취지이다. 특히 그 당시 이 땅을 찾아온 서구인들의 시각視角을 통해 우리가 미처 깨닫지 못했던 것들을 되짚어 보는 것은 역사의 윤회輪廻가 주는 교훈 때문이다. 그들의 글과 사진을 통해 우리는 자신의 빛바랜 자화상을 되돌아봄으로써 이 시대를 살아가는 데 필요한 깨달음을 얻을 수도 있을 것이다.

이 글은 본시 1999년 5월부터 2000년 2월까지 『주간 조선』에 연재된 것을 다시 편집한 것이다. 1985~1986년에 미국에서 공부할 당시에 나는 개항기에 한국을 다녀간 서구인들의 한국견문기를 수집한 바 있었다. 예전부터 관심이 있던 터라 나는 내 손으로 「서구인이 쓴 한국 풍물지」를 번역 · 주석하고 싶어 오랜 시간 동안 준비하던 차에 뜻있는 출판사를 만나 전집 23권을 번역 · 출판한 것이 이 글을 쓰게 된 계기였다.

나는 이 전집과 이 책을 엮어내면서 백색우월주의에 젖어 있는 서구인들의 시각을 통해서 한국사를 다시 해석해 보고자 하는 것은 아니다. 다만 그들의 눈에 비친 개항기 한국의 모습은 우리가 미처 생각하지 못했던 바를 깨닫게 해준다는 점을 높이 샀을 뿐이다. 이 글이 "삼천리 금수강산" 식의 나르시쿠스적인 한국사의 인식에 자성의 계기를 제공해 줄 수 있다면 더 바랄 것이 없다.

2002년 1월 20일

신복룡

목차

바다를 버려 나라를 잃었다

●

전사戰士는 푸대접받고,
문민文民이 의기양양한 나라

하멜, 『하멜표류기』
(*Narrative and Description of the Kingdom of Korea*,
London : Luke Hansard and Sons, 1668)

한 나라가 멸망하는 데에는 여러 가지 이유가 있을 수 있지만, 토인비A. J. Toynbee를 비롯한 현대의 역사가는 더 말할 나위도 없고 중국의 맹자孟子도 국가의 멸망은 결국 그들의 내재적 모순에 의해 이뤄진다는 것이 통설로 되어 있다. 그렇다고 하더라도 외세의 침략을 받았을 때 무력하게 무너지는 것은 결국 그 국가의 허술한 국방력 때문이며, 특히 해상 방위를 소홀히 했을 때 국가의 미래를 장담할 수가 없다.

1890~1940년대의 미국의 외교 정책을 지배했던 사조는 해상권을 장악하는 것이 결국 초강대국가로 가는 길이라는 것이었다. 미국 해군사관학교의 교장이었던 마한Alfred Mahan(1840~1914)이 쓴 『해상권이 역사에 끼친 영향』(1889)에 그 뿌리를 두고 있는 이 사조는 미국의 대외 정책, 특히 대한對韓 정책의 기조를 이루고 있다. 1950년의 한국전쟁이 발발했던 국제적인 요인도 지상군을 철수하고 미제 7함대로 극동을 방어하리라는 전략을 세웠던 데에 부분적인 이유가 있었다.

공도空島 정책이 임란壬亂을 불러

그런데 우리나라의 전통적인 국가 방위 개념에는 바다를 지킨다는 것이 없었다. 심지어는 왜구倭寇나 서양 오랑캐의 욕심을 불러일으키지 않게 하려고 고의적으로 해안을 황폐하도록 만들었고, 밤이면 해안에서 불빛을 보여서는 안 되었으며, 섬에서 모든 주민을 철수시키는 이른바 공도空島 정책을 썼다.

연안 선박 이외에는 대양에 나갈 수 있는 함선의 축조도 법으로 금지되어 있었다. 먼 바다에 나가려면 바닥이 뾰족한 첨저선尖底船을 만들어야 파도로 말미암은 기울음으로부터 복원復元이 빠르고 속도를 낼 수 있는 법인데, 모든 배를 바닥이 평평한 평저선平底船으로 만들어 대양 진출을 금지했다.

이때로부터 우리 민족에게는 후천적으로 공수증恐水症(hydro-phobia)의 증세를 보이기 시작했다. 우리의 세시풍속歲時風俗에 따르면, 정초에 『토정비결』土亭秘訣을 보는 것이 습속이었는데, 이 예언서 가운데 가장 많이 등장하는 금기禁忌가 곧 "ㅇ월에 물가에 가지 말라."는 것이었다. 개화기에 장로교와 감리교가 침례교의 교세보다 더 컸던 이유 가운데 하나는 세례식을 간소하게 거행하는 장로교나 감리교보다 온통 물에 들어가는 침례 의식을 한국인들이 꺼린 탓도 있었다.

그럴 뿐만 아니라 우리에게는 알게 모르게 바다와 섬사람을 비하하는 나쁜 풍조가 생겼다. 이를테면 전근대의 우리 사회에서는 뱃사람은 "뱃놈"이라고 불렀고, 섬사람은 "섬 놈"이라고 불렀다. 1950년 제2대 국회의원 선거 당시에 여천麗川에서 대한민국당으로 출마한 황병규黃炳珪 후보의 선거 구호는 "섬 놈은 사람도 아니냐?"였다. 그리고 그는 당선되었다.

한 가지 놀라운 사실은 정조正祖가 재위 19년(1795) 윤2월 초아흐레부터 열엿새까지 8일 동안 수원에 있는 아버지 사도세자思悼世子의 묘를 참배하고자 행차할 때의 일이었다. 이때 그는 당연히 한강을 건널 수밖에 없었는데 배를 타지 않고 배를 이어 만든 배다리[舟橋]를 건너 왕복했다는 사실이다. 백성의 노고를 그리 걱정했던 그가 왜 배를 타지 않고, 수많은 사공과 공장工匠과 역군役軍을 동원하여 지금의 용산에서 노량진까지 다리를 놓는 고역을 강요했을까? 배보다 다리가 더 안전하다고 생각했을까?

아니다. 안전 문제를 걱정했다면 위험한 다리 공사를 하기보다는 안전하고 큼직한 배를 타는 것이 더 안전했을 것이다. 그러나 정조는 금상今上의 몸으로서 "천한 뱃×"이 노를 젓는 배를 사공과 함께 타기보다는 다리를 건너기로 했기 때문이었다. 이것이 정조의 뜻이었든, 아니면 조신朝臣의 뜻이었든, 그 무렵 수군이나 사공을 비하하던 풍조의 가장 확실한 세태를 보여 준다.

그렇다면, 여기에서 궁금한 것은 왜 조선조의 통치자들은 뱃사람을 천시했을까 하는 점이다. 인성으로 볼 때 바닷사람들은 거친 대양과 싸우는 동안 인성이 굳세고 끈질기다. 따라서 이들 사이에는 정치적 권위에 대한 도전이 정치적 비난의 대상이 되지 않았다. 그들은 독립심이 강하며 체력적으로도 강인하다. 그러므로 지배 계급으로서는 거칠고 순종하지 않는 기질의 바닷사람들을 싫어하고 버겁게 여기지 않을 수 없었을 것이다. 그들은 장보고張保皐의 고사를 연상했을 수도 있다. 위정자들에게 국민이 거칠고 저항적이어서 좋을 것이 하나도 없다.

그러한 첨저선제조금지령 때문에 일본의 침략을 번연히 예상했던 이순신李舜臣은 배를 만들지 않고 조립 직전까지만 준비해 두었다가 일본의 침략에 대한 첩보를 받고서야 급히 조립에 성공함으로써 임진왜란壬辰倭亂이 일어나기 하루 앞서 전에야 거북선의 시운전에 성공할 수 있었다. 임진왜란에 조선이 초토화되고 운양호雲揚號 사건(1875) 이래 조선이 일본에 병합된 군사적인 요인도 결국은 우리가 해상권을 소홀히 했기 때문이었다.

운양호가 부산과 인천 앞바다에 나타났을 때 조선 사람들은 뱃전에 보이는 거대한 대포의 모습을 보고 겁에 질렸지만 실은 그 대포는 실물이 아니고 그림이었다. 그래서 정체가 드러날 것을 두려워한 일본 해군은 해안에서 멀찌가니 떨어져 조선의 포대를 위협했다.

우리가 이러한 역사의 회한悔恨을 되뇔 수밖에 없는 것은 우리나라에도 장보고와 같은 해양 정신이 있었고, 그 뒤에도 해양 기술을 연마할 기회가 많이 있었음에도 불구하고 그 기회를 모두 잃었기 때문인데 그 가운데 하나가 하멜의 표착이었다.

모슬포 앞바다의 이양선異樣船

때는 1653년 8월 15일 밤, 제주도 대정大靜의 모슬포摹瑟浦 앞바다에 한 척의 이양선異樣船이 난파되었다. 워낙 폭풍이 심했던지라 선원 64명 가운데 28명이 현장에서 익사하고 36명만이 다친 몸을 이끌고 해안에 올라왔다. 날이 밝자 섬의 주민들이 그들을 발견하고 즉시 이를 관가에 보고하자 대정 현감 권극중權克中이 병사를 이끌고 와 이들을 체포했다.

표착한 선원들은 동쪽을 가리키며 "나가사키"郎可朔其라고 외침으로써 자기들이 일본으로 가려다가 난파한 선원들임을 알렸으나 현감은 막무가내로 선원들을 체포하고 우선 달아날 것에 대비하여 목에 방울을 달았다. 관헌과 주민들은 해안에 떠오른 표착 선박의 유류품들을 약탈하느라고 여념이 없었다.

하멜 일행이 조선 관군에게 붙잡힐 때의 모습

이들은 곧 제주 목사 이원진李元鎭에게 끌려갔다. 목사는 이 이방인들에게 참으로 친절하게 호의를 베풀면서 이들을 어떻게 처리할 것인가를 조정에 문의했다. 그로부터 두 달 반이 지난 어느 날 일행이 다시 목사 앞에 끌려 나가니 그의 옆에는 분명히 서양 사람인 듯한 붉은 수염의 사나이가 서 있었다.

이 사람은 그 유명한 네덜란드인인 벨테브레Jan J. Weltevree, 朴燕(1595~?)였다. 그때로부터 26년 전인 1627년에 일본으로 가는 길에 식수를 얻으려 육지에 올랐다가 두 명의 동료와 함께 주민에게 잡혀 억류되어 있던 이 선원은, 이미 모국어를 거의 잊은 채 58세의 초로의 신사가 되어 있었다. 벨테브레는 가물거리는 어휘를 회상하며 겨우 의사를 소통할 수 있었다.

난파 선원의 안타까운 신세로 천 리 이국땅에서 동포를 만난 하멜 일행은 기쁨도 잠시뿐, 날개가 없는 한 이 나라에서 탈주할 꿈을 버리라는 말을 듣고 깊은 절망에 빠진다. 벨테브레의 충고에도 불구하고 하멜 일행은 탈주를 포기할 수 없었다. 자기들은 선원의 수가 많고 해양 기술도 갖추고 있으므로 벨테브레와는 입장이 다르다고 생각했기 때문이었다.

탈주를 작심한 하멜 일행은 어느 날 밤에 마을을 벗어나기 위해 잠행을 했다. 그런데 외국인의 독특한 냄새를 맡은 동네의 개들이 짖어대는 바람에 주민들이 모두 잠에서 깨어나 잡히고 말았다. 하멜 일행은 개들의 우수한 후각에 탄복하면서도 그에 대한 원망을 잊을 수가 없었다. 그 뒤 하멜은 지난날의 실수를 거울삼아 개가 없는 쪽으로 다시 탈주를 시도했으나 이번에는 훔쳐 탄 배가 너무 허술하여 주민들의 추적을 받고 다시 붙잡히는 신세가 되었다.

이제 제주 목사로서는 더 이상 이들을 잡아두는 것이 자기로서도 위험하다고 생각하여 이들을 모두 육지로 이송할 것을 상주上奏했다. 결국 그의 의견이 받아들여져 하멜 일행은 영암靈巖–정읍井邑–전주全州–연산連山–공주公州를 거쳐 서울로 압송되었다.

서울에 도착한 일행은 벨테브레의 통역으로 효종孝宗을 알현할 기회를 가졌다. 이들은 국왕에게 본국으로 돌아갈 수 있도록 자비를 베풀어 달라고 눈물로 호소했지만, 모두가 허사였다. 그들은 어전에서 서양의 기이한 춤과 노래를 보여 주었고 그 댓가로 푸짐한 상품을 얻는 것으로 만족했다. 효종은 이 색목인色目人들을 노리갯감 이상으로 생각하지 않았다. 그들은 훈련 대장 이완李浣의 휘하에 배속되어 훈련을 받았다.

하멜 일행이 국왕(효종)을 알현하는 모습

노리개가 된 과학 문명

이들이 훈련대에 편입되었다고는 하나 하는 일이란 없었다. 기껏해야 고관대작의 집에 불려 가 광대처럼 서양의 춤과 괴성 같은 노래를 들려줌으로써 그들을 즐겁게 해주는 것이었다. 사대부들은 당시 주자학의 인식 속에 서양은 오랑캐라는 고정 관념을 가지고 그 여흥을 즐겼으나 당사자인 하멜의 일행이 느끼는 감정은 전혀 달랐다.

표착인들이 보기에 조선 사람들은 감당해야 할 전쟁을 회피하고 있었고 호전적이고 용맹한 군인이 오히려 모멸을 당한다는 사실에 깊은 충격을 받는다. 그들은 이러한 반전주의反戰主義의 나라에서 자신들이 조선을 도와 할 수 있는 일이 있을 것 같았고, 자신들의 능력이 정당하게 평가받아 쓰임새가 있기를 바랐으나 그러한 바람은 모두 허사였다.

조선에 억류된 지도 이미 12년이 지난 서울 생활에서도 그들은 탈주를 포기하지 않았다. 이제 그들로서는 배를 얻어 탈주한다는 것도 불가능하다는 것을 알았다. 그러는 계제에 중국의 사신이 온다는 소문을 들었다. 사신이 올 때면 조선에 서양인이 있다는 사실을 노출하지 않으려고 조정에서는 하멜 일행을 남한산성南漢山城으로 은닉시켰다.

첫 번째 소개疏開 때에는 영문도 모르고 따라갔지만, 두 번째 소개 때에는 사신이 가는 길목에 숨어 있다가 불쑥 나타나 자신들이 서양 사람임을 설명하고 중국으로 데려가 줄 것을 간절히 요구했다. 중국의 사신은 이들의 인도를 강력히 요구했다. 그러나 어찌 된 셈인지 중국 사신의 요구는 흐지부지되고 말았다. 알고 보니 조선의 조정에서 그에게 뇌물을 쓰고 없었던 일로 만들었기 때문이었다.

이제 하멜의 일행은 생명의 위험을 느끼기 시작했다. 그러한 위험 속에도 효종의 아우인 인평대군麟坪大君의 자비로운 도움을 받아 겨우 목숨을 부지할 수 있었다. 그러나 이들을 더 이상 서울에 두었다가는 화근이 되리라고 생각한 조정에서는 이들을 호남의 오지로 보냈다. 이 당시 그들은 거지나 다름없는 생활을 했으며 절간을 찾아가 자비로운 스님들의 보시로 연명했다. 이때는 조정에서도 이들을 거의 방목放牧(?)한 때여서 일행은 조선의 문물을 자유롭게 관찰할 수 있었다. 그러나 열악한 생활 속에 이미 14명이 죽고 22명만이 남게 되었다. 이들은 호남 지방을 떠돌며 유리걸식으로 살았다.

그런 삶을 살던 차에 1569년에 효종이 죽고 현종顯宗이 즉위하자

하멜 일행이 탈출하는 모습

이들의 삶에도 변화가 왔다. 현종은 생존자 22명을 순천順天 · 남원南原 · 여수麗水의 전라좌수영에 분리 수용收用하였다. 이들이 바닷가로 다시 나올 수 있었다는 것은 오랜만에 다시 찾아온 행운이었다. 그들은 서로 정보를 교환하며 탈주를 다시 계획했다. 그들은 구걸하고 품팔이를 하여 열심히 돈을 모았다. 이들은 3년 동안 피나는 노력 끝에 배 살 돈을 마련했다.

그들은 두 배의 값을 주고 배를 사서 1666년 9월 4일 밤에 여수麗水에서 출발하여 탈주에 성공했다. 그러나 이 당시 생존자는 모두 16명이었는데, 남원 일대의 내륙에 갇혀 있던 일행은 합류하지 못하고 여수에 있던 8명만이 일본의 히라도平戶에 도착하여 네덜란드 동인도회사를 거쳐 고국으로 돌아갈 수 있었다.

나머지 일행 여덟 명은 내륙 남원과 순천에서 살았기 때문에 하멜 일행과 함께 탈주할 수 없었으나 일본의 네덜란드 상관의 주선으로 일본으로 돌아갔다. 그러나 그 가운데 얀 클라츠Jan Claesz는 귀국을 거부했다. 사랑하는 여인과 자식이 있었기 때문이었던 것으로 보인다. 핏줄이란 이런 것인가 보다.

일행 중에서 다소의 학식이 있던 하멜은 고국으로 가는 선편을 기다리는 2개월 동안에 기억을 더듬어 13년 동안 나포되어 있었던 조선의 체험기를 써서 바타비아Batavia 총독에게 바쳤는데, 이 글이 오늘날 전해지고 있는 『하멜표류기』이다. 이 기록은 비록 13년이 지난 후에 회상의 형식으로 썼다고 하나 일자까지 틀림이 없다는 점에서 놀랍고, 위로는 왕실의 생활에서 아래로는 여염의 삶을 직접 목격한 최초의 서양 서적이라는 점에서 의미를 가지고 있다.

그러나 내가 이 책을 읽으면서 느끼는 감상은 서글픔과 아쉬움 같은 것이다. 왜 당시 제주에 표착할 때의 총포와 도검을 더 연구하여 발전시킬 생각을 하지 못하고 녹여서 농기구로 썼을까? 당시의 국왕인 효종은 명색이 북벌을 계획했고, 이완은 훈련대장으로서 그 책임을 맡은 사람이었는데, 왜 하멜과 같은 선진 해양 민족의 난파 선원들을 만났을 때 총포술이나 조선술 또는 항해술을 배울 생각을 하지 않고 사대부의 노리개로 썼을까?

일본과 한국이 다른 점

이러한 의문을 제기할 수밖에 없는 것은 우리와 똑같이 난파 선원을 받아들인 일본은 우리처럼 하지 않았기 때문이다. 그들은 난파 선원들로부터 조총의 기술은 물론 조선술과 항해술을 배워 이른바 난학蘭學, Dutch Science이라는 독특한 학문 체계를 완성했고, 이것이 근대 일본의 개명에 결정적인 역할을 했으며, 우리와 관련하여 말한다면 그 난학이 조선 침략의 유용한 도구가 되었고 멀리 망국의 원인으로 이어지기 때문이다.

아무리 불행한 역사의 민족이라 하더라도 그들의 과거 어느 순간에 역사를 발전시킬 기회는 반드시 있었다. 이러한 논리를 조선조 멸망사에 대입해 본다면 우리는 서세동점의 시기에 지배 계급들이 주자학의 세계관에 눈이 어두워 그들에게 능동적이고도 긍정적으로 대응하지 못한 책임을 물을 수밖에 없다. 따라서 『하멜표류기』가 지금의 우리에게 주는 교훈은 당시 서구인들이 우리를 어떻게 인식하였는가의 물음에 있는 것이 아니라 우리가 그들을 어떻게 보았느냐에 있을 것이다.

필자소개

하멜

Hendrick Hamel (1630?~1692)

1630년대	네덜란드의 고르쿰(Gorccum)에서 출생
1650	포겔 스투루이지스호(Vogel Struijis)를 타고 네덜란드의 동인도회사로 감. 처음에는 동인도회사의 군인으로 복무하다가 보조원을 거쳐 스파르웨르호(Sparwer)의 선무원이 됨
1653. 8. 15.	일본 나가사키(長崎)로 향하던 중 제주도 대정(大靜) 앞바다에서 태풍을 만나 표착함
1654. 6	서울로 이송
1663	순천(順天) · 남원(南原) · 전라좌수영(麗水)에 분리 수용됨
1666. 9. 4.	배를 타고 탈주하여 이틀 만에 일본 히라도(平戶)에 도착, 동인도회사에 인도됨. 네덜란드로 귀국함
1667	바타비아 총독에게 『표류기』를 저술하여 보고함
1668. 7. 20.	암스테르담에 도착함
1692	사망

조선은

황금이

넘쳐나는 나라

●

왜곡된 견문기가 약탈심을 부추기다

뒤 알드, 『조선전』

(*Kingdom of Korea*,

London : J. Watts, 1741)

한국을 서양에 최초로 알린
코르다드베드(9세기)

구한말에 조선에 왔던 외국인들의 기록을 공부하다 보면, 서방 세계에서 조선에 대해 최초의 기록을 쓴 사람은 도대체 누구일까? 라는 호기심에 빠지게 된다. 문헌에 따르면 그 사람은 아라비아의 코르다드베드Khordadbeth라고 한다. 그는 9세기쯤에 『도로 · 지방지』*Book of Road and Provinces*라는 책을 쓰면서 조선을 최초로 기록했다는 얘기가 "전설처럼" 구전되고 있다.

아마도 코르다드베드는 실크 로드를 타고 동방(중국)을 다녀갔거나 아니면 대상隊商들의 얘기를 듣고 중국사를 쓰면서 그 어느 언저리에 조선에 관한 얘기를 언급했던 것 같으나 아랍어로 쓰인 것이기 때문에 서구인들이 조선을 이해하는 데에는 별로 도움이 되지 못했던 것 같다.

그 다음으로 서구에 조선을 소개한 책이 바로 여기에 소개하는 뒤알드 신부의 『조선전』이다. 구한말에 조선에 온 사람들은 당초에 조선이 어디에 있는지도 몰랐다. 예컨대 저 유명한 『조선과 그 이웃 나라들』의 저자인 비숍Isabella B. Bishop이 1894년에 조선으로 여행을 떠난다고 하니까 그 친구들이 "하필이면 흑해黑海를 왜 가느냐?"고 물었을 정도였다. 이와 같이 조선에 대한 정보가 없던 차에 이 『조선전』은 방한객들이 조선으로 여행을 떠나기에 앞서 읽어야 할 유일한 참고서가 되었다.

나는 외국인 기록을 수집 · 번역하는 과정에서 뒤 알드의 『조선전』에 많이 언급되어 있는 내용이 사실과는 다소 다른 것을 보고 과연 이 책에는 우리나라가 어떻게 묘사되었기에 외국인들이 조선을 그토록 오해하고 있나 하는 의문을 품게 되었고, 그래서 미국에서 공부하는 동안 이 책을 찾아보았으나 그리 쉽지 않았다. 그러던 터에 워싱턴의 조지타운대학의 로윈저기념도서관Lauinger Library 귀중본 서고에 이 책이 소장되어 있다는 것을 안 것은 1985년이었다.

나는 도서관을 찾아가 사서司書에게 열람을 신청했더니 그는 우선 나의 몸수색부터 했다. 폭발물을 검사하는 것이 아니라 책이나 가방은 말할 것도 없고, 만년필과 볼펜 등 일체의 필기도구를 지참할 수 없는 상태에서 그가 제공하는 몽당연필 하나와 백지 몇 장을 가지고 그가 지켜보는 앞에서 이 책을 열람할 수 있었고, 그들의 특수 기술로 겨우 복사본을 얻을 수 있었다.

중국사의 일부로 조선사를 기록

이 책은 파리 외방전교회 소속 신부인 필자가 동방으로 전도 여행을 떠나는 신부들의 안내서로 쓴 책이며 애초부터 조선을 의식하고 쓴 것이 아니라 『중국사』*The General History of China* 전 4권 가운데 제4권에 한 장章을 넣은 것으로서 분량은 48쪽에 지나지 않는다. 시기적으로는 최초로 프랑스 신부 모방P. Maubant이 1835년에 입국하기 백 년 앞서 쓰인 것이다.

따라서 필자인 뒤 알드 신부는 조선에 와 본 적도 없고 한만 국경

가마 탄 성공회 수녀
수녀들은 산간벽지에도 포교를 위해 들어갔다.

인력거 탄 수녀

조선의 결혼 풍습
장가가는 신랑의 모습

근처에서 조선을 기웃거리며 월경자越境者들의 구전口傳을 수집하고 중국에 흩어진 자료를 모아 이 책을 썼다. 자료를 실제로 수집한 사람은 그의 동료인 레지P. Régi 신부였다. 그는 한만국경을 살짝 넘어와 보고 들은 것을 모아 뒤 알드 신부에게 전달했다. (이 책에는 조선에 관한 일체의 사진이나 그림이 없으며, 따라서 이 글에 나타나고 있는 풍속화들은 후대의 것을 참고로 게재한 것이다.)

그런데 알 수 없는 것은 프랑스 신부인 뒤 알드가 왜 이 책을 영어로 썼을까 하는 점이다. 아마도 그는 이 책의 독자를 프랑스 신부에 국한하지 않고 로마 교황청을 통해 세계 각지에 동방을 소개하고 싶었기 때문이 아닌가 여겨진다. 문제는 조선의 역사 · 지리 · 풍속에 관한 우리와 중국의 자료를 프랑스 신부가 영어로 쓰자니 그 과정에서 얼마나 많은 오해가 개재되었겠느냐 하는 점이다.

특히 한국의 자료를 중국어로 발음하여 프랑스 사람이 영어로 썼고 더욱이 당시의 알파벳도 지금의 것과 다르므로 지명과 인명을 확인한다는 것이 여간 어려운 일이 아니다. 따라서 사실상 이 책은 조선의 역사와 풍습을 그리면서 상당한 오류와 편견을 안고 있다. 그럼에도 불구하고 우리가 이 책을 주목해야 하는 이유는 조선을 찾아왔던 모든 탐험가와 선교사들이 이 기록을 사실로 믿었다는 데 있다.

이 책에는 조선의 지리와 역사, 그리고 풍속이 언급되어 있다. 지리에 관해서는 거의 정확하다. 이것은 당시 선교사들이 복음을 기치로 들고 들어왔지만, 실상은 서세동점기에 제국주의의 첨병이었다는 점과 무관하지 않다. 역사는 주로 한중 고대사와 임진왜란사에 초점을 맞추고 있다.

뒤 알드가 본 한중관계사는 조선이 중국의 속방屬邦이었다는 것이다. 따라서 이 글을 읽은 당시의 독자들은 조선이 중국의 한 성省 정도인 것으로 생각했을 것이다. 그럴 뿐만 아니라 조선의 건국 그 자체가 중국의 망명객인 기자箕子에 의해서 이뤄졌으며, 그 이전의 고대사인 단군조선檀君朝鮮에 대해서는 일체의 사실 언급이 없다. 적어도 조선왕조 숙종肅宗에 이르기까지 왕의 서임敍任도 중국 천자의 허가 사항이라고 되어 있다.

이 대목은 서구인들이 조선과 수교를 한다거나 조선에 가톨릭을 포교하는 문제에서 중국의 지원이 우선하여 필요하고, 중국에서의 경험을 그대로 조선에 적용할 수 있다고 확신하도록 만들었다. 따라서 한국이 서세동점 시기에 겪었던 비극들, 이를테면 함포 외교에 의한 국교 수립을 획책한 것은 중국에서의 경험을 되풀이한 것이라고 볼 수 있다. 이 책에서 임진왜란사는 주로 전쟁 중의 명나라 군대의 전공을 다루고 있는데, 이는 중국 자료에 의해 기록되다 보니 어쩔 수 없이 빚어진 오류라고 볼 수 있다.

문제는 한국의 풍물에 관한 기록이다. 우선 뒤 알드도 조선의 인종이 남방계와 북방계의 혼혈임을 지적하면서 북방계가 더 건장하고 호전적이며 강용强勇하다고 지적한다. 생활의 면에서는, 특히 음악을 즐기는 모습이 두드러진다고 그는 기록하면서 한국인들의 예술적 감각이 뛰어나다는 점을 지적하고 있다.

뒤 알드의 눈에 가장 두드러지게 보인 한국인의 생활상은 한국인들의 법도가 엄정하다는 사실이었다. 그는 특히 한국인들이 사립문을 닫지 않고 살아도 좋을 만큼 생활에 법도가 있고 도둑이 없다는 사실과 부모에 대한 효성이 지극한 미덕을 가진 민족이라는 점을 주목하고 있다. 이 밖에도 매장의 풍습과 혼례의 방식이 간단하게 소개되어 있다.

제지 기술이 뛰어나고 도자기가 아름다워

뒤 알드의 기록 가운데 서방인들의 귀에 가장 크게 들린 대목은 한국의 물산이 풍부하다는 점이었던 것으로 보인다. 조선에서는 우수한 모피와 종이가 있을 뿐만 아니라 유약이 발달하여 도자기가 아름답다는 말도 그는 빠트리지 않았다. 특히 금이 풍부하여 심지어는 옷의

조랑말을 타고 길을 가는 양반
뒤 알드는 조랑말을 과하마(果下馬)로 표현했다.

장식까지도 금으로 입혔다고 그는 기록하고 있다. 장례식은 매우 호화로우며 많은 부장품을 함께 묻는다는 대목도 서구인들의 귀를 쫑긋하도록 만들었을 것이다.

이때로부터 한국의 왕릉은 약탈의 일순위 대상으로 떠오르게 되었다. 한국에는 과하마果下馬라는 특이한 종자의 말이 있는데, 이는 그 말을 타고 과일나무 밑을 지나갈 수 있을 만큼 작은 조랑말을 의미한다. 땅은 비옥하고 인삼人蔘이라는 영약靈藥이 있다는 점도 빼놓지 않았다. 이 밖에도 꼬리가 3피트나 되는 닭이 있고, 여우의 꼬리털로 만든 붓이 명품이며 각종 해산물이 풍부하다고 그는 설명하고 있다.

이러한 기록들을 종합해보면 뒤 알드는 서구의 모험가들에게 무한

제사 촛대, 물부리 등 놋제품을 늘어놓은 유기점
담뱃대가 한창 길었던 시절인 1890년대

한 약탈심을 유혹했음이 틀림없다. 유대 출신의 독일 상인인 오페르트E. J. Oppert가 충남 덕산德山에 있던 대원군大院君의 아버지 남연군南延君의 묘를 도굴하기로 결심한 데에는 이 기록이 결정적인 영향을 미쳤으리라는 점을 쉽게 추정할 수 있다.

예컨대 그가 도굴에 실패하고 돌아가서 남긴 『금단禁斷의 나라 조선』(1880)이라는 책에는 뒤 알드의 기록이 수없이 인용되어 있고, 그 길의 안내를 맡았던 사람도 뒤 알드와 마찬가지로 페롱S. Féron이라는 신부였다는 점이 이를 잘 설명해 주고 있다.

당시의 서구라파는 초기 자본주의의 모순을 해결할 수 있는 유일한 방법은 정금正金을 수집하는 것이었다. 특히 서부 개척 시대Gold Rush가 끝나고 관심이 태평양 연안으로 몰려, 바다 너머 동양의 신비한 나라를 바라보고 있던 탐험가들로서는 이 책에 쓰여 있는 것이 사실이라면 조선이야말로 모험을 해볼 만한 가치가 있는 나라라고 믿도록 만들었으며, 그래서 평양의 왕릉을 도굴하기 위해 쳐들어왔던 제너럴셔먼호 사건(1866)이 발생했다.

이러한 일련의 사건은 한국이 쇄국이라는 비상한 조처를 하도록 만들었다. 쇄국정책의 공과에 대해서는 대체로 부정적인 평가를 하는 것이 우리 학계의 공통된 견해이지만, 당시 서세동점 속에서 그것은 위정자들이 취할 수 있는 여러 방법 가운데 국가의 보위를 위해서 가장 성공 가능성이 높았던 것이었다.

약탈을 피하려 공도空島 정책을 써

그와 같은 쇄국의 일환으로 조선의 국왕이 취한 정책이 곧 금의 채광을 법으로 금하는 것이었다. 위정자들은 금이야말로 서구인들에 의해 자행되는 약탈의 첫 목표라는 점을 알고 있었기 때문이었다. 1960년대까지만 해도 우리의 전통적인 용어로 보석상을 "금방"金房이라 부르지 않고 은방銀房이라고 불렀던 것도 쇄국정책의 맥락에서 이해될 수 있는 부분이다.

또한 외국인의 약탈심을 유발하지 않도록 하고자 모든 연안 도서島嶼로부터 주민을 소개疏開하는 소위 공도空島 정책도 이때부터 실시되었고 그 결과로 연안 어업과 해상권의 발달을 저해하는 요소로 작용했다.

요컨대 뒤 알드의 『조선전』에 비친 18세기 초엽의 한국의 모습은 서구의 모험가들이 약탈의 유혹을 느끼도록 만들기에 충분한 것이었다. 그러나 문호 개방과 함께 합법적으로 조선에 상륙하여 조선의 현실을 목격했을 때, 조선에 대한 소문은 과장된 것임을 깨달았고 서서히 조선에서 발을 빼기 시작했다. 그러한 움직임은 결국 대한제국이 멸망하는 과정에서 그들이 묵시적 방조자가 되도록 만든 결정적인 이유가 되었다.

필자소개

뒤 알드

Jean-Baptiste Du Halde (1674~1743)

뒤 알드의 『중국사』

	프랑스 외방전교회 소속 신부, 세례명은 요한
1674. 2. 1.	파리에서 출생
	르고비엥(Legobien) 신부의 뒤를 계승하여, 예수회 선교사들이 여러 나라에서 보내온 각종 문서(서신)를 수집하고 분류하는 일을 책임 맡음
	왕의 고해 신부인 저명한 르텔리에(Letellier) 신부의 비서를 역임함
1741	『중국사』(*The General History of China*)를 씀
	『중국에 대한 묘사』(*La Description de la China*)를 씀
1743. 8. 18.	선종(善終)

서세동점기의 교두보
'서해 5도'의 풍물

●

나폴레옹 황제도
오고 싶어 했던 땅

홀,『조선서해탐사기』
(*Account of a Voyage of Discovery to the West Coast of Corea,*
London : John Murray, 1818)

때는 1817년 초, 아프리카 서남 해안, 육지로부터 2천 킬로미터가 떨어진 대서양에 한 척의 범선이 미풍을 타고 조용히 북상하고 있었다. 선장의 이름은 배질 홀Basil Hall로서, 영국의 동인도에서 근무를 마치고 귀국하는 길이었다. 그때 항해사가 항로 앞에 섬이 나타났다고 보고했다. 해도를 살펴보니 그 섬의 이름은 세인트헬레나Saint Helena였다. 선장의 얼굴에 만감이 교차하는 듯했다. 홀은 곧 배를 그 섬에 정박하도록 했다.

넓이라고 해야 200평방킬로미터도 안되는 이 작은 섬에 선장이 그토록 감회에 젖은 것은 바로 그 섬에 희대의 영웅 나폴레옹Napoleon 황제가 유폐되어 있기 때문이었다. 나폴레옹은 단순히 유럽 역사의 한 인물로서가 아니라 홀에게는 남다른 인연이 있었다. 왜냐하면 그의 아버지가 파리의 브리엔느Brienne 유년 사관학교에 다닐 적에 나폴레옹은 그가 가장 아끼던 후배였기 때문이었다. 비록 지금은 유폐되었다고는 하지만 이 희대의 영웅 앞에 홀 선장은 정중한 예의로 알현했다. 나폴레옹은 그때까지 살아 있었던 선장의 아버지에 대한 안부며 항로를 물었다.

홀 선장은 자신이 지금 조선이라는 나라를 탐사하고 오는 길이라며 장죽과 큰 갓을 보여 주면서 조선의 풍물을 소개했다. 기이한 조선의 토산품을 바라보며 나폴레옹이 조선이라는 나라에 사는 사람들의 인정과 풍속은 어떻더냐고 묻자 홀은 대답하기를, “이 나라는 평화를 사랑하는 민족이어서 이제까지의 유서 깊은 역사에도 불구하고 남의 나라를 침략해 본 적이 없는 선량한 민족”이라고 설명했다. 그 말을 들은 나폴레옹은 빙긋이 웃으며, “이 세상에 남의 나라를 쳐들어가 보지 않은 민족도 있다더냐? 내가 다시 천하를 통일한 다음에는 반드시 그 조선이라는 나라를 찾아보리라"라고 말했다.

"지리는 역사가 그려지는 화판畵板"이라는 경구가 있듯이, 요즘 한국에서 첨예한 관심거리가 되는 서해 5도의 문제를 바라보면서 나는 이것이 단순히 지금 남북한에서 벌어지고 있는 갈등의 문제가 아니라 역사적 뿌리가 있다는 점을 우리가 간과하고 있다는 생각이 들었다. 현대사에 들어와서 한국전쟁 당시에 이곳이 피차간 공방의 요소였다는 점은 말할 것도 없고 예로부터 이곳은 조선으로 상륙하는 교두보였다.

1800년대 초엽부터 시작된 서세동점기에 서방 국가들이 한국을 기웃거리면서 주목한 요충지는 서해 5도로 둘러싸인 옹진반도甕津半島, 강화도江華島로 둘러싸인 인천항仁川港, 그리고 아산만牙山灣 등의 세 곳이었다. 그런데 미국이 인천만을 중시했고 독일이 아산만을 중시한 것과는 달리 유독 영국은 이 옹진반도 일대를 중시했으며 그 결과로 조선을 탐사하고자 최초로 한국에 온 사람이 곧 배질 홀 선장이었다.

홀 선장이 백령도에 상륙한 것은 정확히 1816년(순조 16년) 9월 1일이었다. 그는 이곳이 향후 조선과의 개항 문제에서 후두부에 해당하는 곳이라고 생각하고 정확한 해도를 그린 다음 자기 아버지의 이름을 따서 이곳을 써 제임스 홀 군도Sir James Hall Group라고 명명했고, 이 명칭은 서구에서 통칭으로 알려져 있었다. 섬에 올라 보니 인가는 약 40호가 되었으며 대단히 평화로워 보였으나 사람들의 얼굴은 검게 탔으며 매우 거칠어 보였다고 한다.

현감과 수화手話로 의견을 나눠

홀의 일행이 백령도에 상륙하자 주민들이 다가오더니 제일 먼저 표시한 의사는 손으로 목을 치는 시늉을 하는 것이었다. 그것이 자신들의 상륙으로 말미암아 주민들의 목이 달아난다는 뜻인지 아니면 침입자의 목이 달아난다는 뜻인지를 알 수 없으나 빨리 떠나라는 뜻임에는 틀림이 없었다.

그 어느 쪽이든 간에 홀은 주민들이 막무가내로 막아서는 것을 뿌리치고 마을로 들어섰다. 주민들은 종이로 배를 만들어 바람이 부는 방향을 가리키며 연신 바다로 떠나보내는 시늉을 하는 것으로 보아 홀의 상륙을 반대하고 있음이 여전했다.

홀 선장은 그곳에서 자신들의 기호품과 조선의 토산품을 몇 가지 바꾸었다. 주민들은 특히 시계를 신기한 듯이 바라보며 바닥에 글을 써서 의사를 표현하려 했으나 끝내 소통되지 않자 손짓으로 의사를 소통했다. 그들이 백령도를 떠날 때 아이들만이 천진하게 뒤쫓아 오며 파란 눈과 긴 코를 신기한 듯이 바라보았다.

서해 5도를 떠난 홀의 일행은 덕적군도德積群島와 격렬비도格列飛島를 거쳐 9월 4일에 장항만長項灣에 정박했다. 그들이 상륙하자 현감과 방위 책임자가 직접 찾아와 퇴거를 정중히 요구했다. 당일 자 『조선왕조실록』(『순조실록』 16년 7월 丙寅條)에 따르면 이때 홀을 방문한 관리는 비인庇仁 현감 이승렬李升烈과 마량진馬梁鎭 첨사僉使 조대복趙大福으로 되어 있다. 홀의 눈에는 그들의 큰 갓과 장죽이 기이하게만 보였다.

홀 일행을 문정(問情)하고 있는 비인(庇仁) 현감 이승렬(李升烈)

여느 곳과는 달리 관리 일행은 배에 올라 장비며 구조를 살펴보았다. 그들은 장만해 온 붓과 먹으로 뭔가를 물어보았으나 알 턱이 없었다. 훗날 홀 선장이 중국으로 돌아가 한문을 아는 사람에게 물어보니 그것은 "당신들은 어느 나라에서 무슨 일로 왔는가?"를 묻는 내용이었다고 한다. 그들은 이제 수화手話로 의견을 나눌 수밖에 없었다. 조선의 관리들에게는 두려움과 경계의 빛이 역력했다.

이럴 경우 인간사가 다 그렇듯이 그 서먹함을 씻어 주는 것으로는 술보다 더 좋은 것이 없다고 선장은 생각했다. 관리의 일행은 흔쾌히 술대접을 받았다. 현감의 일행은 모든 사람의 잔이 찰 때까지 기다리는 예의를 잊지 않는 것을 보면서 홀은 그 관리가 매우 정중한 사람이라는 인상을 받았다. 이 "마법魔法의 물"은 결국 두 무리의 가슴을 열게 했고 술이 거나한 그들은 손짓과 발짓으로 떠들썩하게 대화를 나누었다.

해가 지자 일행이 돌아가는데 뱃전에 내린 현감은 느닷없이 바닷가에 형틀을 차렸다. 무엇이 잘못되었나 의아해하는 홀의 면전에서 현감은 어느 한 하급 관리를 엎어놓고 모질게 곤장을 치는 것이었다. 영문을 알아보니, 사람 사는 데에는 늘 촐싹대고 버릇없이 나대는 사람이 있게 마련인데, 현감은 홀 일행과 술을 나누고 배를 돌아보는 동안 무례함을 저질렀던 한 사람을 치죄治罪하는 것이었다.

이 당시 현감이 조정에 올린 보고서에는 그들의 복식과 문자가 소상하게 소개되어 있고 일행 중에는 여자도 있었다고 한다. 일행이 몇 명이냐고 물어보니 선장은 양쪽 손가락을 여덟 번 펴 보였다. 그들은 영국 범선에 실린 문명의 이기를 경이로운 느낌으로 기술하고 있으

홀과 함께 왔던
알세스트호(Alceste)의
선장 맥스웰

며, 전혀 적의敵意 같은 것을 나타내고 있지 않다. 그의 보고서는 당시의 서양관西洋觀을 지배하고 있던 오랑캐洋夷에 대한 비하는 전혀 보이지 않는다.

현감의 일행은 특히 서양 책에 많은 관심을 보이면서 『대영백과사전』을 갖고 싶어 했다. 그러나 그것은 항해의 참고 도서였기 때문에 줄 수가 없어 홀의 일행 중에 누군가가 다른 책 세 권을 선물했는데 아마도 그것은 성경聖經이었을 것으로 추정된다. 그의 처신과 관심사로 미루어 볼 때 이승렬은 꽤 개명되었거나 사려 깊은 사람이었던 것으로 보인다.

이튿날이 되자 현감은 전날처럼 여전히 "방석 담당자"를 대동하고 일찌감치 다시 찾아왔다. 그는 이번에는 맥스웰M. Maxwell 대령이 지휘하는 알세스트호Alceste를 보고 싶어 했다. 맥스웰 선장은 이를 흔쾌히 받아들여 술자리를 베풀었다. 그런데 이때 현감의 일행 가운데 급한 환자가 발생했다. 서둘러 군의관이 호출되어 혀를 검사하고 맥박을 재고 응급 처치를 하여 깨끗이 나았다. 그 병명이 무엇인지에 대해 홀은 기록하고 있지 않지만, 현감의 일행은 서양 의학의 경이로움을 경탄하며 감사했다.

다시 술이 한 순배 돈 다음 알세스트호를 돌아보기 시작했다. 현감

조선의 관리와 수행원

이 단도에 깊은 관심을 보이자 선장은 이를 선사했다. 현감의 도포 소매가 여러 가지 선물로 묵직했다. 선상에 올라간 현감은 대포의 시범 발사를 요구했다. 18파운드의 함포를 낮게 조준하여 발사하자 일행은 놀라며 즐거워했다.

선상에서 아침 식사 시간이 되자 현감은 서양 식사를 대접받았다. 그는 젓가락을 장만해 주겠다는 선장의 제의를 거절한 채 서양식으로 식사를 하는데 그 품위에 조금도 흐트러짐이 없는 것을 보며 선장은 그의 예절에 깊은 인상을 받는다. 식사를 마친 홀 선장의 일행은 육지에 상륙하고 싶다는 의지를 간곡하게 표현했다. 그에 대해 현감은 연신 손으로 목을 긋는 시늉을 하며 몹시 난감해했다.

그럼에도 불구하고 홀의 일행이 막무가내로 상륙하자 현감은 눈물을 흘리며 앞장을 섰다. 그는 심지어 시중을 드는 사람의 어깨에 기대어 큰 소리로 울기도 했다. 그는 말끝마다 손으로 목을 쳤으며, 해가 동쪽에서 서쪽으로 넘어가는 동작을 두 번 하면서 잠자는 몸짓과 함께 손으로 목을 치는 시늉을 하는 것으로 보아 외국인을 이틀씩이나 재워줌으로써 자신은 이제 죽은 목숨임을 강조하는 것으로 보였다. 그러한 경황 중에도 현감은 물과 조개 요리를 가져오도록 하여 바닷가에서 나그네를 접대하는 후의를 잊지 않았다.

이틀을 묵고 떠나면서 홀은 자신의 이름을 따서 이곳 장항만을 배질만Basil's Bay이라고 명명했다. 떠나면서 홀 선장은 현감에게 성경을 선물했다. 현감은 부두에 나가 떠나가는 홀 일행을 진심으로 전별했다. 그러나 그는 앞으로 다가올 자신의 운명에 대한 걱정 때문인지 얼굴에는 수심이 가득했다.

홀 일행은 장항만을 떠나 고군산열도古群山列島와 신안해협新安海峽과 제주도를 지나면서 주민들을 만나 몇 가지의 한국어 어휘를 수집하고 풍어제豐漁祭를 감상했다. 주민들은 같은 마을 사람처럼 다정하게 대해 주었으며 함께 술을 마시며 즐겁게 보냈다고 홀은 기록하고 있다. 그들은 9월 10일에 10일 동안의 여정을 마치고 귀국길에 올랐다.

한국인은 외국인에 우호적

이상과 같은 홀의 기록은 몇 가지의 의미를 담고 있다. 첫째로, 홀의 일행을 맞는 주민들의 태도가 한결같이 우호적이었다는 사실이다.

우리는 서세동점기의 한국인들이 서구인들을 기피xenophobia 했다는 고정 관념을 가지고 있으나 이는 사실과 다르다. 당시 서구인과의 갈등은 지배 계급의 오판이 빚은 실수일 뿐이지, 한국인의 보편적 정서는 아니었다. 집권자들의 그와 같은 주자학적 세계관에 의한 배외 의식은 그 뒤 대한제국의 멸망이라는 비극과 전혀 무관하지 않았다.

둘째로, 그들은 육지나 섬에 상륙할 때마다 매우 진지하게 지질 조사를 했으며 끝없이 금을 찾았다는 점이다. 그들은 항해사였음에도 불구하고 전문가의 수준에 이르는 지질학의 지식을 갖추고 있었는데, 이는 영국이 한국에 접근한 동기를 이해하는 하나의 준거가 될 수 있다.

셋째로, 그들이 조선의 서해를 탐사하고 그린 지도의 정교함에 놀라지 않을 수 없다. 그것은 지금으로부터 200여 년 앞서 제작된 것임에도 불구하고 인공위성으로 촬영된 지금의 위도와 거의 다름이 없으며, 이는 당시 해상 강국으로서 영국의 위상을 이해하는 데 도움이 된다.

필자소개

홀

Basil Hall (1788~1844)

1788	제임스 홀 경(Sir James Hall)의 차남으로 출생 그의 아버지는 케임브리지대학 크라이스트 컬리지(Christ's College, Cambridge)의 지질학자 겸 화학 교수로서 명문의 후예였음
1802	에든버러대학을 졸업하고 해군에 입대하여, 초급 장교 시절에는 주로 북미주에서 근무함
1812년부터	프리깃함 볼테이지호(Voltage)의 장교로 동인도회사에 근무 이때 범선 리라호(Lyra)를 타고 중국 광동성을 방문
1816	알세스트호(Alceste)의 선장 맥스웰(Murrey Maxwell)과 함께 한국의 서해안에 머물며 해안의 지질과 풍속을 탐사함
1817	영국으로 돌아온 홀은 선장으로 승진하여 주로 북미와 남미에 근무함
1825	스페인 총독 헌터(John Hunter)의 딸과 결혼
1831년 이후	영국 런던에 정착하여 여생을 마침 왕립천문학회(Royal Astronomical Society), 왕립지리학회(Royal Geographical Society), 왕립지질학회(Royal Geological Society)의 정회원
1844	사망

단순한 도굴법이 아닌 문화인류학자로서의 조선 견문기

●

한국인의 혈통에 깊은 관심 기울여

오페르트, 『금단의 나라 조선』

(*A Forbidden Land : Voyage to the Corea,*

New York : G. P. Putnam's Sons, 1880)

1970년대 말엽에 나의 연구실에 한 학생이 찾아왔다. 그의 이름은 이중국李重局 군이었는데 그전에도 자주 만나기는 했지만, 자세한 인적 사항은 잘 모르고 있던 터였다. 그는 나에게 자신의 학부 졸업 논문 지도를 받고 싶다고 말했다. 특별히 관심을 가진 주제가 있느냐고 물었더니 그런 것은 없다면서 내가 지정해 주는 것을 쓰고 싶노라고 말했다.

학사 논문이라는 것이 대단한 학문적 소양을 요구하는 것도 아니고, 또 딱히 내가 그를 위해 논문 제목을 준비하고 있던 것도 아니어서 나는 오고 가는 말로 그의 고향을 물어보았더니 충남 덕산德山이라고 했다. 그래서 남연군南延君의 묘를 아느냐고 물어보았더니 바로 그 마을에서 태어나 자랐다는 것이었다. 그때 나에게 스쳐 가는 주제가 떠올랐다.

나는 "그렇다면 오페르트Ernst J. Oppert가 어느 길목으로 진입했는가를 써 보라"고 권했고 그도 그러겠노라고 대답했다. 그 뒤 그는 방학이면 고향에 돌아가 노인들을 만나 향토 사료를 수집하고, 오페르트가 잠입한 동일한 날짜의 일출과 일몰을 계산하고, 간조와 만조를 계산하고, 그가 기록으로 남긴 장비를 자신이 메고 그의 행적을 따라 걸어보고, 기상대에 당일 자의 평균 기온과 강우량 등을 알아보고, 관계된 문헌을 조사하여 한편의 학부 졸업 논문을 썼다. 그 논문은 그해 우수 학사 논문으로 뽑혔다. 나는 지금도 학문을 하겠다고 나를 찾아오는 학생들에게 학문은 그렇게 하는 것이라고 들려주곤 한다.

그 뒤 이중국 군은 공부를 더 하겠노라고 미국의 롱 아일랜드 주립대학으로 유학을 떠났다. 1985년에 내가 미국으로 유학을 떠나 뉴욕

강화 앞바다에 정박한 엠퍼러(Emperor)호

에서 그를 만났을 때 그는 지극정성으로 나를 보살펴 주었다. 그 뒤 세월이 흘러 1993년도에 다시 뉴욕을 방문했더니 그는 엉뚱하게도 한의사 박사 학위를 받고 플러싱에서 개업하여 명의名醫로 성공해 있었다. 나는 인생이 이렇게 유전流轉할 수 있는가 하는 생각에 아연하기보다는 그가 그 끈기로 학문을 했더라도 일가를 이루었을 터인데… 하는 아쉬움을 지울 수가 없었다.

그 뒤로도 내가 몇 번 뉴욕을 찾아갈 때마다 그는 어김없이 이 못난 사람을 스승이라고 맨해튼 5번가의 한국 고서점으로 데려가 내가 갖고 싶은 책들을 모두 사주었다. 내가 『한말 외국인 기록』을 번역·출판한 원서들 가운데 많은 것이 그가 사준 책이다. 지난번 방문 때도 나는 그에게 400달러 덤터기를 씌우고 왔다.

이 책을 번역하는 과정에서는 나는 또 다른 한 분에게 많은 빚을 졌다. 그분은 지금 독일의 마르부르크대학에서 언어학을 공부하고,

프랑크푸르트 한국인 학교의 교감으로 있는 김운경金雲卿 선생이다. 지난날 『묄렌도르프의 자전自傳』을 함께 번역한 인연이 있는 그분과 연락하는 과정에서 한국에 전혀 알려지지 않았던 오페르트의 출생·사망 연대와 젊은 날의 행적을 알 수 있었고, 우리에게 구전口傳으로만 알려져 있던 『동아시아견문기』를 구할 수 있었다.

나의 이 번역이 선학先學의 경지를 넘어설 수 없을지는 모르나 이러한 자료의 보완이라는 점에서 나는 이 책에 대해 남다른 긍지와 보람을 느끼고 있다.

도굴범이기 이전에 탁월한 동양학자

한국의 개화사를 얘기할 때면 가장 흔히 인구에 회자膾炙되면서도 그 명성에 비하여 부정확하게 알려진 인물 가운데 대표적인 사람이 바로 이 책의 필자인 오페르트일 것이다. 그가 왕릉의 도굴범이었다는 오명이 그의 올바른 명성을 모두 묻어 버렸다는 점에서 이 책은 안타까움을 안고 있다.

동양의 인종에 대하여 누구보다도 해박한 인류학적 지식을 가지고 있었고, 쇄국으로 말미암아 세계 대세를 외면하는 한국의 지배자에 대해 짙은 연민을 가졌으며, 한국에 대해 서방에 알려진 바가 없던 1860년대에 이미 한국의 역사·언어·풍습·제도에 대해 깊은 이해를 가졌던 오페르트는 어쩌면 굴절된 한국 근대사의 가장 억울한 희생양인지도 모른다.

한국에 대한 오페르트의 인식은 기본적으로 호의적이었다고 나는 생각하는데 이 점에서 나는 그에 대한 우리의 보편적 인식, 곧 일개 도둑으로 몰려는 한국사의 기존 인식에 동의할 수 없다. 그는 한국이야말로 동양의 영국과 같은 나라요 민족적으로는 앵글로-색슨족과 같은 민족이라고 생각했다. 유구한 역사, 찬란한 문화 민족, 풍부한 유산, 위대한 문자 문화, 그리고 근면한 민족성 등, 그의 눈에 비친 한국인의 모습은 결코 야만이 아니었다.

오페르트는 한국인의 쇄국정책에 대해서도 이해하는 입장이었다. 사실 당시의 쇄국정책이라는 것은 자치권과 대외 통상권을 허락하는 지방분권적 영주(봉건) 체제가 아닌 당시의 중앙집권적 통치 구조가 낳은 결과였지 한국인들이 심정적으로 쇄국을 선호했다고 볼 수는 없다.

나는 이 책의 주석을 하면서 몇 가지의 소회所懷를 느끼게 되었다. 첫째로, 나는 우리의 역사에서는 그를 단순히 하나의 도굴범 정도로 치부하고 말려는 경향이 잘못되었다는 느낌을 받았다. 물론 그가 한국의 개화사에 끼친 부도덕한 처사는 비난받아 마땅하겠지만 그에 대한 평가가 단순히 도굴범이라는 오명汚名을 쓰고 끝나야 하는가 하는 의문이 든다. 왜냐하면, 이 글에 실린 그의 해박한 식견, 특히 인종학적 소견은 전문가의 경지에 이르고 있기 때문이다.

이 책의 마지막에 실린 외국과 조선 정부가 체결해야 할 조약의 초안 문건이 단순히 도굴범의 경지를 넘어서고 있다는 점에서 주목할 만하다. 이 조약의 초안에 따르면, 조선은 군산群山 · 동래東萊 · 송도松都 · 강화江華를 개항하여 외국인의 상륙과 주거 및 교역을 허락하고 그 대신 외국인들은 한국의 미풍양속을 존중하고, 종교의 자유를 허락하며, 치외법권과 영사 재판을 허락하고, 난파 선원들을 구조하게 되어 있으며, 외국인은 아편과 기타 물품의 밀수를 금지하며 선린과 우호를 증진하게 되어 있었다.

그 조약의 내용을 보면 그 뒤 20년 뒤에 체결된 불평등한 한미통상조약보다 훨씬 공평한 조약이었음에도 불구하고 변방의 방백 수령으로서는 외국인을 상대로 수교를 논의할 수 없다는 국법 때문에 모든 것이 수포가 되고 말았다.

천주교 박해에 대한 연민을 바탕에 깔아

또 그가 내세웠던 남연군南延君 묘의 굴총 이유인 천주교 박해의 중지를 위한 그의 노력과 진심에도 귀를 기울여 볼 여지가 있다. 그가 해미海美에 나타났을 때는 많은 천주교 신자들이 박해로부터 구원해 달라고 그에게 부탁했다. 언어가 소통되지 않는 상황에서 천주교도들은 땅바닥에 십자가를 그려 보임으로써 자기들의 의사를 전달했고 오페르트는 진심으로 그들에게 도움을 주고 싶어 했기 때문에 굶주림에 빠진 그들에게 먹을 것을 제공하고 함께 아픔을 위로하기도 했다.

이런 상황에서 오페르트로서는 대원군大院君의 천주교도 탄압을 용서할 수도 없었고 묵과할 수도 없었기에 왕릉의 도굴이라는 극단적인 방법에 따를 수밖에 없었던 것이 아닌가 생각된다. 이러한 기록들이 실린 그의 2차 항해기는 한국 천주교회의 역사에 관한 중요한 문헌이 될 수 있다.

오페르트가 도굴한 남연군 묘
그는 대원군의 천주교도 탄압을 용서할 수 없었고 묵과할 수도 없었기에 왕릉의 도굴이라는 극단적인 방법을 따를 수밖에 없었던 것이 아닌가 생각된다.

둘째로, 위와 같은 긍정적인 평가와 아울러 이 글의 부정적인 부분도 간과할 수가 없는데, 그가 도굴을 시도했던 남연군 묘의 실상에 대한 그의 설명에 사실의 숨김이 있고 주민들의 반응을 호도糊塗한 부분이 바로 그런 점이다.

우선 오페르트는 그의 글 전편을 통하여 그가 "발굴"하려 했던 곳이 "왕실 보물의 보관소"라고 기술하고 있을 뿐, 그곳이 왕실의 무덤이었다는 점을 끝까지 말하지 않았다는 점에서 그는 정직하지 않았다는 비난을 면할 길이 없다. 그곳이 왕실의 물품 보관 창고가 아니라 무덤이었다는 것은 삼척동자도 알 만한 사실이었다.

그럼에도 불구하고 이를 사실대로 기록하지 못한 것은, 서양의 지식인에게 발표하는 글에서 자신의 행위가 시체를 볼모로 하는 협박자body snatcher로 비춰는 것을 부끄럽게 여겼기 때문이라는 점을 이해하지 못하는 바는 아니지만, 이는 그의 실수였다.

그럴 뿐만 아니라 주민들이 끝까지 "호의적"이었다는 그의 기록도 정직하지 않았다. 한국인들에게는 기본적으로 외국인을 만났을 때 나타나는 기피 심리xenophobia가 없다. 따라서 그가 아산만에 처음 상륙했을 때 주민들이 길을 안내하여 주고, 그에게 생선을 선물하고 오페르트는 그 댓가로 당시 한국인들에게 유용하고 신기하게만 여겨졌던 빈 병을 선물하고, 담배를 나눠 태우면서 술자리도 함께하고, 신기한 배의 내부를 구경시켜 주기도 하고, 폭풍이 불어칠 때는 함께 대피하는 등, 주민들이 그에게 호의적이었다.

심지어는 오페르트가 여러 차례 서해안을 여러 차례 드나들면서 정까지 든 것은 사실이지만, 그의 도굴 의지를 확인했을 때는 농기구를 들고 항쟁했다는 점에서 볼 때, 마치 그의 도굴 현장에서도 주민들이 그에게 호의적이고 협조적이었던 것처럼 그가 기록한 것은 역사가로서의 정직성에 문제가 있다고 할 수 있다.

도굴범으로서의 가책

셋째로, 그는 아산만에 상륙하여 남연군 묘를 도굴할 당시 관리와 주민들에게 자신을 러시아인으로 소개했으며, 그 직후 강화도에 상륙했을 때는 자신을 영국인으로 소개했는데 이는 당시 그의 심중을 이해하는 데 좋은 자료가 된다. 그는 이 책 어디에도 자신이 무덤을 파헤쳤다는 말을 하고 있지 않지만, 자신의 행위에 대한 일말의 가책을 느끼고 있었고, 그래서 자신의 국적을 욕되게 하는 후문後聞이 두려워 국적을 속일 수밖에 없었으리라고 생각된다.

그러나 이상과 같은 비난이 이 책의 사료적 가치를 외면할 수 있는 근거가 되는 것은 아니다. 왜냐하면 그는 당시 조선의 내정과 문물의 목격자였으며, 한국의 개항을 위해 노력한 현장의 행위자였을 뿐만 아니라 그의 처사가 한국 개화사에 끼친 영향이 너무도 크기 때문이다. 그가 유대계 독일의 한 장사꾼임에는 틀림이 없지만 그를 빼놓고서는 한국 개화사를 완벽하게 설명할 수 없는 부분이 있다는 점이 이 책이 가지는 의미이리라고 생각된다.

네로Nero 황제가 로마를 불태웠다는 것이 사실이 아님에도 불구하고 그의 학정으로 말미암아 그의 로마 방화설은 이미 기정사실이 되어버렸고, 광해군光海君이 조선왕조 500년 동안 가장 탁월하게 외치外治를 했음에도 불구하고 동생인 영창대군永昌大君을 죽이고 계모인 인목대비仁穆大妃를 학대한 패륜으로 말미암아 그의 모든 공덕이 모두 묻혀 버리듯이, 왕릉을 도굴했다는 죗값으로 오페르트의 모든 공이, 이를테면 개항 초기에 조선의 문물을 서방 세계에 소개한 그의 이 노작이 가지는 가치가 묻혀 버린다는 것은 참으로 안타까운 일이다.

필자소개

오페르트

Ernst Jacob Oppert, 戴拔 (1832~1903)

1832. 12. 5.	독일의 함부르크(Hamburg)에서 태어남 여행가이자 인종학자. 유대인
1851	나이 19세에 상인의 신분으로 홍콩(香港)에 입국, 상해(上海)에서 상점을 열고 무역업을 시작함. 이때 중국의 문물과 중국의 인종을 주제로 공부함
1866. 2.	흑산도(黑山島)를 거쳐 아산만(牙山灣) 일대를 탐사(1차 방한)
1866. 6.	해미(海美)를 방문하여 현감을 만나고 덕적도(德積島)를 거쳐 강화도(江華島)를 탐사하면서 천주교 박해의 실상을 조사함(2차 방한)
1868. 4.	남연군(南延君)의 무덤을 발굴하다가 실패하고 돌아감(3차 방한) 『동아시아 견문기 : 인도·중국·일본·한국의 모습과 회상』(*Ostasiatische Wanderungen, Skizzen und Erinnerungen,* Stuttgart Strecker and Moser, 1898), 그리고 『한 일본인의 추억』(*Erinnerungen eines Japaners,* tuttgart, 1898)을 씀
1903. 9. 19.	함부르크에서 사망

일본을 알려거든
조선을 먼저 보라

●

일본을 사랑했던
반식민지사학자의 한국관

그리피스, 『은자의 나라 한국』

(*Corea : The Hermit Nation,*

New York : Charles Scribner's Sons, 1882)

역사를 공부하다 보면 역사란 반드시 그렇게 될 수밖에 없는 어떤 필연이 있는 것인지, 아니면 예측할 수 없는 어떤 우발성이 역사를 지배하기 때문에 인간은 역사 앞에서 무기력할 수밖에 없는 것인지에 대하여 회의懷疑에 빠질 때가 많다. 역사주의자들은 거기에 반드시 어떤 법칙이 있고 따라서 그 교훈에 따라 살 때 인간이 행복할 수 있다고 믿고 믿는다.

그런가 하면, 예정조화설을 믿는 운명론자들이나 신앙인들은 인간으로서는 그 흐름을 도저히 예측할 수 없으므로 오로지 기도하고 그 다음의 일은 절대자의 뜻에 맡길 수밖에 없다고 체념한다. 역사의 우연과 필연을 따지는 것이 이 글의 목적은 아니지만, 굳이 이 문제에 대한 나의 경험을 말하자면, 역사의 우발성을 결코 무시할 수 없을 정도로 빈번하며 그 위력도 또한 크다는 견해다.

병인양요/신미양요는 오해에서 비롯된 역사의 우발

때는 1866년 10월 16일 오전 8시, 햇살이 눈부시게 비치는 강화도 포대 앞에 두 척의 이양선異樣船이 나타났다. 이들은 프랑스 아세아 함대 소속의 전함으로서 강화만을 거쳐 한강을 따라 서울로 향하는 중이었다. 포대에서 즉시 정선 명령이 떨어졌으나 이들은 아랑곳하지 않고 항진했다.

드디어 포대에서 총알이 날아오고 프랑스 함대도 즉시 응사했다. 그러나 이 전투는 처음부터 상대가 되지 않는 싸움이었다. 이곳에 서양의 오랑캐들이 나타나리라는 사실을 이미 감지하고 있었던 대원군

서울 전경

大院君이 전국에서 소문난 사냥꾼들을 배치했다고는 하지만 신식 무기로 무장한 프랑스 군대의 적수가 될 수는 없었다. 포대의 사수들이 사살되자 프랑스 군대는 섬에 상륙하여 약탈을 시작했다. 강화 서고에 비장되어 있던 책을 약탈하고 3만 8천 달러에 이르는 은괴銀塊도 약탈했다.

이 약탈은 10월 26일까지 10일간 계속되었다. 양민이 학살되고 강화도는 폐허나 다름없이 유린되었다. 이제 프랑스 군대는 더 이상 거칠 것이 없이 강화도를 싸다니며 "소풍"picnic을 즐기게 되었다. 그날도 프랑스 군대는 조랑말에 점심을 싣고 정적만이 감도는 강화도의 논길을 거닐며 소풍을 즐기고 있었다. 그런데 갑자기 점심을 실은 조랑말이 건너편 논두렁을 향해 미친 듯이 달려갔다. 프랑스 병사들이

기를 쓰고 달려갔지만 허사였다. 사실을 알고 보니 조랑말은 숫놈이었는데 건너편에서 암말이 암내를 내며 수컷을 유혹하고 있었다. 이제 점심도 굶어 배도 고픈 데다가 강화도라는 곳이 소문 듣던 대로 금은보화가 쌓여 있는 곳도 아님을 알게 된 프랑스 군대는 퇴각을 결정했다.

프랑스 함대 사령관 로즈 제독Adm. P. G. Roze은 당초 조선 정부가 프랑스 신부를 살해하고 교도를 탄압한 것을 문책하고 이를 빌미로 조선과 수교를 하려는 목적으로 내항했으나 이곳의 책임자(강화 留守)와 이 문제를 담판할 계제가 아니라는 것을 알았을 뿐만 아니라 더 이상 약탈할 물건도 없음을 알았다.

이들이 퇴각하자 대원군은 자체의 방어력으로 서양 오랑캐들을 무찔렀다는 자부심으로 더욱 쇄국에 박차를 가하는 한편 전국에 척화비斥和碑를 세우고 먹墨 제조업자들에게 척화의 문구를 먹에 새겨 넣도록 하고 천주교들을 더욱 엄혹하게 처형했다. 이 일련의 사건이 한국사에서 이른바 병인양요丙寅洋擾의 실상이다.

강화도에 나타난 섬터 요새의 영웅들

이런 일이 있은 지 5년이 지난 1871년 5월에는 미국의 아세아 함대 소속 로저스J. Rodgers 제독이 제너럴셔먼호 소각 사건을 문책하고 이를 빌미로 조선과 수교하기 위해 함선 5척을 이끌고 다시 강화도를 찾아왔다. 당초 이들은 무력으로 조선을 위협하려고 했던 것 같지는 않았다. 그들은 섬에 올라 주민들과 술도 나누며 수화手話로 친교를 나누었고 주민들은 함께 술을 마신 후에 남은 맥주병을 신기하게 바라본 다음 소중하게 싸서 집으로 돌아가는 등 분위기는 우호적이었다고 한다.

그런데 일행 중에 북경 공사 로우F. F. Low라는 인물이 있었는데, 그 사람은 이름 그대로 천박한low 사람이었다. 그는 당시에 승선했던 650명 정도의 병력이면 조선을 정복할 수 있으리라고 로저스 사령관을 꼬드기기 시작했고 이때부터 적대 행위가 시작되었다.

파스칼B. Pascal이 지적한 것처럼 역사란 거대한 물결이 도도히 흐르면서 이뤄지는 것이 아니라 작은 조약돌에도 걸려 넘어질 수 있다는 말이 있듯이, 이때 우발적인 사건이 일어나 역사를 전혀 엉뚱한 방향으로 바꿔 놓았다.

다름이 아니라 미국 수병들이 배를 이끌고 광성진廣城鎭 포대 쪽으로 올라가자 포대에서 장탄하고 있던 사냥꾼들이 총을 발사했는데 공교롭게도 총알은 기함旗艦에 꽂혀 있던 성조기의 깃대를 명중하여 부러뜨렸다. 이에 분노한 미국의 수병들은 "미국의 역사상 이토록 성조기가 모독을 당한 일이 없다"고 외치며 포대를 향하여 돌격했고 끝내는 백병전까지 벌어지게 되었다.

이때 미군을 지휘한 사람은 블레이크H. C. Blake 대령이었는데, 그는 남북전쟁 당시 그 유명한 섬터Fort Sumter 요새를 함락시킨 역전의 용사로서 무자비하게 강화도를 유린했다. 이 전투는 48시간 동안 계속되었는데, 이 전투를 통하여 조선 측에서는 강화도 수비 대장 어재연魚在淵과 그의 동생 어재순魚在淳 형제 등 강화도 수비대 300명 전원과 주민을 포함하여 350명이 사살되었고, 미군 측에서는 맥키H. W. McKee

대위와 수병 헨드린D. Hendrin 및 알렌S. Allen 등 3명이 전사했다. 이 사건이 한국사에서 이른바 신미양요辛未洋擾의 실상이다.

이상의 기록은 그리피스의 『은자의 나라 한국』 가운데 병인양요 편과 신미양요 편에 나오는 기록인데, 필자는 이런 정황 설명을 통하여 역사란 때로는 어이없는 사건으로 말미암아 엉뚱하게 그 물길을 바꿔 놓는 일이 허다했다고 술회하고 있다. 역사에서 가설이란 무의미한 것이지만, 만약 그러한 우발적 사건이 없었더라면, 한국 개화사는 비극이 아닌 좀 더 평화로운 방법으로 전개될 수도 있었다.

서양에 소개된 최초의 한국 통사通史

1882년에 초판된 이 책은 전 3부 53장으로 되어 있는데 제1부(1~22장)는 고대·중세사를, 제2부(23~38장)는 문화사를, 제3부(39~53장)는 천주교의 전래로부터 을사조약의 체결까지를 다루고 있다.

이 글이 한국에 처음 소개되었을 때 한국의 사학계에서는 찬반의 이론이 많았다. 특히 문일평文一平 선생 같은 분은 이 글에 수록된 그림들, 이를테면 식탁이나 두발頭髮의 모습이 한국의 것이 아니며, 그는 한국에 와 본 적도 없이 일본에서 썼기 때문에 믿을 만한 것이 못된다고 도외시했다.

문일평의 주장이 일리가 있는 것은 사실이지만 그리피스의 저술을 둘러싼 논쟁이 그의 일방적인 승리로 끝나지 않고 여전히 한국 근·현대사 연구의 중요 사료로 회자膾炙되는 것은 바로 제3부의 서술이 어느 자료보다도 정확하다는 사실 때문이었다. 따라서 이 글은 헐버

그리피스가 그린 조선 잔칫상
이 삽화는 어느 모로 보나 조선의 잔칫상으로 보기 어렵다. 이 그림을 비롯하여 잘못 인용된 몇 장의 삽화로 말미암아 이 책의 가치가 오해를 받았다.

트H. B. Hulbert의 『대한제국멸망사』(*The Passing of Korea*, 1906)가 출판되기 이전까지는 미국의 독자들이 한국을 이해할 수 있는 중요한 교재가 되었다.

그리피스는 본시 역사학자도 아니었고 처음부터 한국에 대한 관심을 가진 인물도 아니었다. 그는 화학자로서 일본의 메이지明治유신 직후에 신식 교사로 초빙되어 머무는 동안 일본의 문화에 매혹되어 일본의 문화사를 공부하기 시작했다. 그런데 일본의 문화와 역사를 연구하면 할수록 그는 한국을 이해하지 않고서는 일본의 진정한 모습을 이해할 수 없다는 결론에 이르게 되었다.

그래서 다시 한국의 역사와 문화사를 공부하여 나온 노작이 바로 이 『은자의 나라 한국』과 『일본에 미친 한국의 영향』 및 『한국에 대한 일본의 부채負債』 그리고 『천황의 제국』이라는 책이었다. 그는 대한제국의 멸망을 하나의 필연으로 받아들이고 있고 이러한 시각이 보는 이에 따라서는 그를 친일 사학자로 규정하게 만든 요인이 되었지만, 그가 한국과 한국인에 대한 깊은 애정을 품고 있었고 대한제국의 멸망을 연민의 눈길로 바라본 것은 부인할 수가 없다.

당쟁은 게임의 법칙을 준수한 정당 제도

정치학을 공부하는 나로서 이 책을 통하여 가장 깊은 인상을 받은 대목은 소위 당쟁黨爭에 대한 그의 인식이다. 우리의 역사학에서 당쟁은 악惡이었다. 당쟁이 역사적으로 부정적인 의미를 전혀 갖지 않았다고는 말할 수 없지만, 오늘날 당쟁이 이토록 비하된 것은 식민지사학의 결과였다. 일제는 조선 병합의 논거를 우리의 역사에서 유추하려고 시도했고, 이를 위해 조선총독부 조선사편수회를 통해 한국사를 끝없이 왜곡했는데 그 대표적인 희생물이 곧 당쟁이었다.

식민지사학자들은 당쟁의 시한時限과 그 참상을 과장했고 그것이 곧 망국의 원인이라고 주장하면서 이것이야말로 한국인의 민족성에 자리 잡은 사악함 때문이라고 확대하여 해석했다. 심지어 일제의 시학관視學官이었던 호소이 하지메細井肇와 같은 인물은 한국인들은 피의 색깔도 문명인과 달라 거무튀튀하여[黝血] 천성적으로 싸우고 남을 헐뜯기 때문에 독립 국가로서의 자격이 없어 한일합방을 하게 되었다고 주장하고 있다.

흔히 식민지사학이라고 일컬어지는 이 학통은 해방 반세기가 지난 지금까지도 우리의 역사학을 지배하고 있어 늘 스스로를 열등한 민족으로 묘사하는데, 그 대표적인 것이 텔레비전 연속극이고 이광수李光洙와 같은 일부 지각없는 역사 소설가들이 남긴 근거 없는 험담들이다. 그들의 묘사에 따르면 조정에는 늘 음모와 기략奇略이 난무했고, 늘 등 뒤에서 칼질했고, 늘 사약 받고 죽는 모습이었다. 이러한 세뇌는 의외로 오랫동안 지속되었으며 그 결과 우리는 자신이 정치적으로 열등한 민족이라는 데 아무 저항 없이 익숙해 있다.

이러한 자기모멸적 인식에 대해 그리피스가 설명한 한국 당쟁사는 많은 시사示唆를 준다. 그는 결코 당쟁을 미화하지는 않았지만 그렇다고 해서 당쟁을 우리만이 가진 정치적 해악이라고 표현하지도 않았다. 당쟁에 나쁜 점이 있었다면 그것은 원초적으로 정치라는 행태에서 빚어지는 악습이지 한국의 당쟁에서만 유별나게 나타나는 현상은 아니라는 것이 그의 설명이다.

따라서 당쟁은 서구의 초기 민주주의 과정에서 흔히 있었던 정치적 투쟁이요 권력을 잡는 방편이었을 뿐이며, 이런 점에서 서구의 정당 정치와 다를 것이 없다는 것이다. 오히려 시역弑逆과 패륜이 난무하는 서구의 정치사에 비하면 조선조의 당쟁은 어느 정도의 도덕성과 나름의 게임의 법칙이 있었다고 그는 결론짓고 있다.

조선의 무사

그리피스

William Elliot Griffis (1843~1928)

1843	미국의 필라델피아에서 출생 남북전쟁에 참전 럿거스(Rutgers)대학에서 자연과학을 전공하고 석사 학위를 받음
1870	일본 후쿠이(福井)의 영주(領主)로부터 초청을 받아 착일(着日) 메이신칸(明新館)·낭코(南校)·도쿄제국대학(東京帝國大學)에서 강의함
1874	귀국. 유니온신학교에 진학하여 신학 박사 학위를 받았고(1884), 다시 럿거스대학에서 문학 박사 학위(1899)를 받음
1879	스탠튼(Katharine L. Stanton)과 결혼하여 1남 1녀를 두었고 킹(Frances King)과 재혼함
1900	왕립아시아학회 한국 지부의 회원이 됨
1926~1927	한국 방문 일본 천황으로부터 훈5등(勳五等) 쌍광욱일장(雙光旭日章, 1907)과 훈4등(勳四等) 욱일소수장(旭日小綬章)을 받음
1928	말년에는 뉴욕주 풀라스키(Pulaski)에서 살다가 그곳에서 별세함 『천황의 제국』(1876), 『페리 제독 평전』(1887), 『일본의 종교』(1895), 『일본에 미친 한국의 영향』, 『한국에 대한 일본의 부채(負債)』, 『아펜젤러 평전』(1912), 『일본 천황의 제도와 인물』(1915) 등의 저술을 남김

조선은 자주국인가, 봉신국인가

●

풍운의 한말에서 두 논객의 충돌

데니, 『청한론』

(*China and Korea*, Shanghai : Kelly & Walsh, 1888)

묄렌도르프, 『청한종속론』

(*A Reply to Mr. Denny*, Leipzig : Otto Harrassowitz, n.d.)

한국의 사상사를 공부하노라면 으레 율곡栗谷, 李珥과 퇴계退溪, 李滉의 철학적 논쟁에 잠시 귀를 기울일 수밖에 없다. 이 글이 그들의 철학을 담론하는 자리는 아니지만, 이해를 돕고자 잠시 논의해 보자면, 퇴계는 인간이란 이성理性으로 사는 존재이기 때문에 사랑하고仁, 공의롭고義, 겸양하고禮, 지혜智를 갖추어야 한다고 주장한다. 그의 논리의 핵심은 인간이란 두뇌(이성)로 살아야 한다는 것이다.

그런가 하면, 율곡은 인간이란 가슴氣으로 살아가기 때문에 기쁨喜과 분노怒와 사랑愛과 두려움懼과 슬픔哀과 미움惡과 욕망慾으로 살아간다는 것이다. 이 두 어른의 논쟁 가운데 가장 주목할 사실은 가슴이냐 머리냐 하는 논쟁도 중요하지만, 퇴계는 사랑이란 지성으로 판단하는 것으로 생각했고, 율곡은 사랑이란 가슴에서 우러나오는 것으로 생각했다는 점이다.

우리는 여기에서 퇴계가 옳은지 아니면 율곡이 옳은지를 편 갈라 판정할 필요는 없다. 그럼에도 불구하고 우리가 이 문제를 생각해 볼 수밖에 없는 이유는 우리의 주변은 말할 것도 없고, 역사를 살아간 그 많은 사람 가운데에는 가슴으로 산 사람도 있고, 냉철한 머리로 살다간 사람도 있기 때문이다.

영국의 케임브리지 경제학을 창시한 마셜Alfred Marshall(1842~ 1924)의 말처럼 "머리는 차갑고 가슴은 따뜻한 사람"cool brain and warm heart으로 살아갈 수만 있다면 얼마나 좋을까마는 그게 어디 쉬운 일이겠는가?

가슴으로 살다간 변호사와 머리로 살다간 학자

역사는 대조적인 두 사람의 만남으로 이루어진다는 말이 있다. 사마의司馬懿가 없었다면 제갈량諸葛亮이 존재할 수 없었고, 스키피오Scipio Africanus가 없었다면 한니발Hannibal의 위대함이 보이지 않았을 수도 있다. 우리의 격동의 한말에도 그러한 빙탄氷炭처럼 대조적인 두 외국인이 살았는데, 하나는 데니Owen N. Denny이고 다른 하나는 묄렌도르프Paul G. von Moellendorff이다.

데니는 미국 서부 출신의 공격적인 성격의 변호사였고, 묄렌도르프는 프로이센 출신의 냉철한 학자였다. 공교롭게도 그들은 국적이 다르고, 세상을 보는 눈이 다르고, 이해관계가 다른, 그러나 오월동주吳越同舟일 수밖에 없는 운명이었다. 전형적인 독일 신사로서 이지적이고 논리적이었던 묄렌도르프와 자유분방하며 감성적이었던 데니는 서로가 극단적 대조를 이루면서 한국사의 한 시대를 엮어 간다.

이들의 논쟁의 핵심은 조선이 중국의 속방이냐 아니냐? 라는 문제였다. 이 문제는 조선이 중국의 속방이라고 묄렌도르프가 먼저 논쟁을 제기하면서부터 제기되었다. 그가 말하는 속방의 논거는 서기 670년대에 신라가 당唐의 힘을 빌려 고구려와 백제를 멸망시키면서 조공朝貢을 바치기 시작했고, 중국의 연호를 썼으며, 천자의 사신이 주재하여 왕의 즉위식을 거행했으며, 조선의 국왕이 스스로를 신臣이라고 부르기 시작했다는 것이다.

그 뒤 시대가 지나면서 다소 성격의 차이는 있었지만 병자호란 당시 인조仁祖가 삼전도三田渡에서 성하지맹城下之盟을 맺으면서 종속 관

중국에서 오는 사신을 맞기 위한 영은문, 지금의 독립문 부근

계는 분명히 국가 사이의 약속으로 자리 잡았다고 묄렌도르프는 주장한다. 사실 여부만을 놓고 따진다면 묄렌도르프의 그와 같은 주장은 모두가 맞는 말이었다.

중국의 천자가 폐하陛下일 때 우리의 왕은 전하殿下였고, 후后는 비妃였고, 태자太子는 세자世子였으며, 천자의 칙사가 오면 영은문迎恩門까지 나가 세 번 절을 올리고 아홉 번 머리를 조아리는 신하의 예를 갖추었다. 왕의 즉위는 물론 세자의 책봉은 천자에게 아뢸 사안이었으며 절기마다 지방 특산물을 보내어 천자의 은혜에 감사하는 예식을 갖추었다.

이러한 상황에서 1884년에 김옥균金玉均이 중국을 몰아내고 자주 정부를 수립하자고 갑신정변甲申政變을 일으켰을 때 그 정황을 잘 알고 있는 묄렌도르프로서는 김옥균을 역적으로 여겨, 일본까지 추격

묄렌도르프의 나들이

하여 죄인의 인도를 요구했다.

그러나 영미법계의 이론으로 무장하고 있던 데니는 종래와 같은 묄렌도르프식의 청한종속론을 받아들일 수가 없었다. 그도 지난날에 조선이 중국에 조공을 바치는 등 봉신국封臣國의 노릇을 한 것을 시인하고 있다. 그러나 그것은 이제 지나간 일이라는 것이다.

데니의 논리에 따르면, 이미 한일수호통상조약(병자수호조약, 1876) 제1조에서 "조선은 자주 국가임"을 천하에 공표했으며, 한미수호조약(1882)의 체결 당시에 거중 조정을 했던 이홍장李鴻章이 조약 문서에 "조선은 중국의 속방임"을 추가하라고 요구하다가 관철되지 않아 이를 철회했으니, 그것은 중국이 명시적으로 청한종속론을 포기한 것으로 보아야 한다는 것이다.

강대국가와 약소국의 관계에서 조공은 흔히 있는 일이었는데, 예컨대 버마의 국왕이 영국의 국왕에게 인사차 예물로 조공을 바쳤다고 해서 버마가 영국의 속방이었느냐고 데니는 반문한다. 그뿐만 아니라 그는 강대국가와 약소국 사이에 관례적이고 의전적으로 오고 간 영향력은 주권을 침해한 것으로 보지 않는다는 국제법의 이론을 제시하고 있다.

"한국 공사는 중국 공사보다 아랫자리에 앉아라"

데니가 한중관계사에서 가장 견딜 수 없는 것은 당시 조선 주차관으로 와 있던 원세개袁世凱의 횡포였다. 본시 무사 출신이었던 원세개는 성격이 거칠고 오만했다. 그도 일개 조선 주차 외교관이었지만 자신은 여타의 공사公使들과는 다른 감독관이라고 생각했다. 그는 왕실의 하마비下馬碑 앞에서도 가마에서 내리지 않은 채 대전까지 들어갔으며 국왕을 무례하게 질타했다.

한미 수교와 더불어 전권 공사 민영익閔泳翊이 미국으로 출발하려 할 때 원세개는 그를 불러 속국의 사신이 지켜야 할 세 가지의 원칙[另約三端]을 지시했는데,

> (1) 미국에 도착하면 먼저 미국 주차 청국 공사관을 방문하여 인사를 드리고 그의 안내를 받아 대통령에게 신임장을 제정提呈할 것이며,

(2) 미국 정부에서 주최하는 각종 외교 모임에서 조선 공사는 반드시 중국 공사보다 아랫자리에 앉아야 하며,

(3) 미국에서의 제반 외교 업무를 청국 공사와 상의하여 처리하라는 것이었다.

이러한 조건은 참으로 무례하고 불법적이었다. 수석외교관[공사/대사]은 부임하면 먼저 상대국의 국가 원수에게 신임장을 제정한 다음 국립묘지를 방문하고, 그 사람 다음으로 외교사절단을 찾아가 상견례를 하는 것이 순서이다. 외교 모임에서의 서열은 강대국의 순서가 아니라 그 외교관의 부임 일자의 순서로 결정된다. 외교 업무는 그 국가의 독자적인 권한이며 기밀이기 때문에 중국과 상의해야 할 이유가 없다. 그럼에도 불구하고 중국은 지난 세기의 구습舊習에서 아직도 헤매고 있다고 데니는 생각했다.

원세개의 폭거는 여기에서 그치지 않았다. 원세개는 외교관의 특권을 이용하여 인삼을 밀수함으로써 엄청난 치부를 했고, 인사人事에도 간여했다. 그는 김金씨 성을 가진 조선의 미녀를 첩으로 들여 살았다. 청일전쟁이 일어나자 그는 야반도주夜半逃走를 하면서도 그 현지처를 데리고 갔다. (그 여자는 그 뒤 유명한 시인인 아들 원극문袁克文을 낳았고 그 손자가 바로 물리학자 원가류袁家騮로서 노벨 물리학상을 탄 오건웅吳健雄이 그의 아내이다.)

데니는 이러한 불공정한 한중관계사를 열혈烈血한 필치로 글을 썼는데 그것이 바로 『청한론』이다. 데니가 이 책을 쓰자 묄렌도르프도 곧 그에 대한 반론으로 『청한종속론』을 썼다. 그는 자신의 추천으로 조선에서 근무하게 된 데니가 자신을 공격하는 것은 배은망덕한 처

원세개가 쓴 망월사 현판 : 光緖 辛卯年(1891) 仲秋에 씀

사라고 생각했고, 따라서 그의 글에도 인간적인 애증愛憎이 배제될 수는 없었다. 이 글을 통하여 묄렌도르프는 다음과 같이 데니를 반박하고 있다.

> 책 전체를 통한 데니의 목적은 한국의 독립을 위해 세계가 청국에 대해 편견을 갖게 하는 것이다. 그는 이 일을 수행하면서, 그 문제의 여러 사실에 대한 충분한 지식이 없었고 논리가 부족하며, 더구나 전략을 크게 결여하고 있었다. 왜냐하면 그는 청국에 대해서뿐만 아니라 조선에 주재한 청국 대표(원세개)에게 악담을 늘어놓음으로써 자신의 주장을 약화하였다.
>
> 이런 일이 일어난 것은 데니가 책자 전문에서 보여 주고 있듯이 그가 자신을 조선의 왕에게 천거한 나라[淸]와 좋지 않은 관계를 유지하고 있었던 탓이다. 그리하여, 그의 책은 한 정부 고문의 솔직하고 냉정한 추론이라기보다는, 오히려 지금 자신이 공박하고 있는 쪽에게 개인적 감정이 상해 있는 정치가의 격앙된 함성으로 받아들여진다.

묄렌도르프의 저택

한 시대를 살다 간 인물의 훼예포폄毁譽褒貶은 그리 쉬운 일이 아니다. 중국의 춘추 전국 시절의 유명한 도적이었던 도척盜跖이 나름의 철학을 가지고 살며 공자孔子를 비난했듯이 설령 객관적인 안목에서 그가 무례했더라도 그를 일방적으로 비난할 수만은 없는 일이며, 베이컨F. Bacon이 일세를 풍미한 철학자였다 할지라도 그는 수뢰죄受賂罪의 형사 피의자였다는 점을 생각하면 그의 말과 글을 가지고 그를 칭송할 수도 없는 일이다.

그와 마찬가지로 묄렌도르프와 데니를 역사적으로 평가하면서 선악의 어느 한 편을 들어 단정적으로 말하기란 매우 어렵다. 모험심이 강한 서방의 여느 외국인들이 그러했듯이, 묄렌도르프도 나름의 야망과 경륜을 가지고 동방에 온 뒤로 공과功過의 비평을 유보할 수밖에 없는 많은 일을 했다. 그뿐만 아니라 한국에 대해 남다른 애정을 품고 있던 데니는 풍운의 한말에 열강으로부터 조선과 그 국왕을 보호하고자 신명의 위험을 무릅쓰면서까지 동분서주했다.

그러나 그로부터 1세기가 지난 지금, 우리는 그들을 평가하면서 가장 주의해야 할 한 가지 사실이 있다. 그것은 다름이 아니라 우리를 중국의 속방이라고 말한 묄렌도르프는 우리의 적이요, 우리를 옹호한 데니는 우리의 동지라는 논리가 성립되는 것은 아니라는 사실이다. 그들은 각기 역사의 위치에서 자기의 삶을 소신껏 살아간 사람들일 뿐이다.

인간은 가슴으로 사는가, 아니면 머리로 사는가라는 처음의 화두話頭로 돌아가서 두 사람의 일생을 돌아본다면, 데니는 분명히 뜨거운 가슴으로 살다 간 사람이었고 묄렌도르프는 냉철한 머리로 살다간 사람이었다. 그런데 그 뒤 데니는 결국 묄렌도르프에 의해 거세되어 울분을 품고 귀국해야 하는 패배를 맛보게 된다. 이 대목에서 역사가 우리에게 들려주는 교훈은, 머리로 산 사람이 결국은 가슴으로 사는 삶을 이기더라는 사실이다.

필자소개

데니

Owen N. Denny, 德尼 (1838~1900)

1838. 9. 4. 오하이오주(Ohio)의 모건 카운티(Morgan County)에서 출생
윌라메트대학(Willamette College)을 졸업

1862 변호사 시험에 합격

1868 오리건주의 달레스(Dalles)에서 검사와 판사를 지냄

1868 화이트(Gertrude H. White)와 결혼

1874~1877 오리건주와 알래스카주의 내국세 수세관으로 근무

1877~1880 천진(天津) 주재 미국 영사로 부임

1880~1885 상해 주재 총영사

1885~1891 이홍장(李鴻章)이 조선 국왕의 외교 고문인 묄렌도르프의 후임으로 외아문당상(外衙門堂上)으로 추천하여 부임

1891. 7. 고향인 포틀랜드로 돌아가 포틀랜드 저축 은행의 회계원 및 주 상원의원으로(1892~1896) 재직하면서 여생을 보냄

필자소개

묄렌도르프

Paul G. von Moellendorff, 穆麟德 (1847~1901)

1847. 2. 17.	독일 체데니크(Zehdenick) 출생
1865	할레(Halle)대학에서 법학·언어학·동양학을 공부함
1869	청국 해관의 관리가 됨.
1882~1885	이홍장의 추천으로 조선 통리아문의 참판이 되어 해관 업무를 맡음
1884	한러조약을 실질 교섭. 갑신정변을 진압함
1885	중국 영파(寧坡)로 돌아가『한독사전』(漢獨辭典)과『독한사전』(獨漢辭典)을 편찬함
1901	영파에서 사망

단백질 섭취량이 세계를 지배한다

●

영국인들의 궁극적 관심은 자원 탐사

칼스, 『조선풍물지』

(*Life in Corea,* London : Macmillan Co., 1888)

켐프, 『조선의 모습』

(*The Face of Korea,* New York : Duffield & Co., 1911)

때는 1884년, 그러니까 조선에서 갑신정변甲申政變이 일어나던 해였다. 아직도 세계 대세에 눈뜨지 못하고 중화中華사상의 틀 속에서 안주하고 있던 시절의 조선 북녘땅 함경도의 산골에 허름한 복장을 한 한 벽안碧眼의 신사가 꼬챙이로 땅을 후비며 뭔가를 찾고 있었다. 그는 돌멩이며 흙을 조사하고 식물의 잎을 따서 살펴보기도 했다.

이 사람은 누구인가? 이름은 곳체Karl Gottsche. 그는 독일의 알토나Altona에서 출생하여 자연과학, 특히 고생물학을 전공하고 1878년에는 뮌헨München대학에서 박사 학위를 취득하였으며, 1880년 이후에는 키일Kiel대학 강사로 활동했던 당대의 지식인이었다. 그는 일본 정부로부터 도쿄東京 제국대학의 교수직 제안을 받고 1881년부터 1884년 부활절까지 재직했다.

당시 이미 조선에 진출하여 식민 정책을 추진하려는 목표를 세우고 있던 일본은 조선에 대한 모든 자료를 수집하고자 했으나 민족 감정상 스스로 조선의 지형지물을 탐사하는 데에는 한계가 있었다. 그래서 일본은 학술 조사라는 미명으로 곳체 박사를 앞세워 조선의 북부 지방의 지하자원을 탐사하고 있었다.

1884년 4월 1일 자로 조선 주차 독일 공사관의 초빙 형식으로 입국한 곳체는 조선의 사용 가능한 지하자원의 보유 상태를 조사하고 있던 참이었다. 일본이 그를 고용한 것은 한국 사람들이 중화주의적 세계관을 학습하는 동안에 서양인을 야만시하는 경향이 있기는 하지만 그 심층 심리에는 서양인을 경외하고 그들에게 더 친밀하다는 사실을 일본 사람들은 잘 알고 있었기 때문이었다.

조선 정부는 곳체 박사의 정체를 모르고 있었지만, 그의 정체는 곧

조선 말기 남대문 시장
칼스는 우유나 양의 젖을 먹지 않는 조선인들의 모습에서 나라의 장래를 걱정했다.

미국 공사관에 포착되었다. 식민지 점탈占奪의 뜻을 가졌던 것은 아니지만 미국으로서도 조선의 광산 개발은 중요한 이권 사항이었으므로 곳체의 그러한 활동을 방관하고만 있을 수는 없었다.

그리하여 미국 공사 후트Lucius H. Foote, 福德는 곧 본국 정부에 자원 탐사 전문가의 지원을 요청했고 이에 따라 버나도John B. Bernadou, 蕃於道라는 인물이 부임했다. 그는 본시 스미소니언박물관 소속의 무관이었으나 1883년 9월에 조선 주차 미국 공사관의 무관이라는 직함으로 조선에 입국하여 주로 광산 탐사의 임무를 맡고 있었다.

당시 세계 식민지 정책의 첨병인 영국이 이러한 정보를 놓칠 리 없었다. 주한 영국 공사 애스턴W. G. Aston은 즉시 본국에 자원 전문가의 지원을 요청했고 이에 따라 부임한 사람이 곧 이 책의 필자인 칼스William R. Carles였다. 당시 북경 공사관에 근무하고 있던 칼스는 전보轉補의 형식으로 쉽게 한국으로 부임할 수 있었다.

개항으로부터 대한제국의 멸망기에 이르기까지 많은 열강의 이해관계가 실타래처럼 얽혀 있지만 그러한 와중에서도 영국의 입장은 매우 미묘했다. 그들의 전통적인 외교 노선인 세력 균형과 원료 수탈이라는 대전제를 바탕에 깔고 있던 그들의 정책은 대한제국의 멸망기에도 변함이 없었다. 그런 점에서 당시 외교의 현장에 있었던 실무자인 칼스의 육성肉聲은 매우 중요한 시사성示唆性을 갖는다.

목숨을 건 자원 탐사

칼스의 『조선풍물지』가 출판되자 한국에 관한 지식이 부족했던 구미 각국에서는 상당한 반향을 불러일으켰다. 더욱이 『네이션』*Nation*지誌는 서평을 통해 "이 책은 '금단禁斷의 나라'이자 '은자隱者의 나라'인 조선에 들어가 그 국민들과 함께 살아본 영국인이 쓴 최초의 글이어서 흥미롭다. … 필자의 글은 단순하고 명쾌하며 매혹적이다. 그는 자신이 목격한 사실과 현상을 주의 깊게 천착하고 있다. 그의 꾸밈없는 서술은 아직도 불쾌한 호기심의 대상으로 남아 있는 한 나라에 대하여 우리에게 값진 지식을 제공해 줄 것이다."라고 칭찬했다.

칼스의 『조선풍물지』는 외교관의 기록임에도 불구하고 정확히 말해서 조선의 정치에 대한 회고록이 아니라 조선 탐사 보고서이다. 그는 18개월이라는 그리 길지 않은 동안 조선에서 근무했다. 그동안 그는 외교 업무보다는 주로 평안도와 함경도, 그리고 강원도의 지하자원을 탐사했는데, 그의 회고에 따르면 그가 45일 동안에 탐사한 거리는 1천200km(3천 里)에 이른다는 점에서 놀라지 않을 수 없다.

칼스는 지하자원의 탐사는 물론 자신이 들른 마을의 호구戶口 수와 마을 간의 거리, 특산물, 기압과 기온, 그리고 그가 잠을 잔 여관의 벽에 남긴 상인들의 물품 대금에 관한 낙서까지 정확하게 기록하고 있다. 기압을 기록한 것은 당시의 기압계인 아네로이드aneroid로써 지층의 고도를 환산할 수 있었기 때문이었다.

그의 탐사 활동이 얼마나 위험하고 고생스러웠는가는 그의 기록에 생생하게 남아 있다. 맹수와 강도의 습격 등 생명의 위협을 수없이 겪으면서도 그는 끈질기게 탐사를 계속했다. 그가 작성한 식물상植物相과 동물상動物相은 이 땅에 사는 우리로서도 처음 듣는 것들이 많으며, 지하자원에 대한 지식은 그가 단순한 외교관이 아니었음을 잘 보여 주고 있다. 그는 틈틈이 인삼 재배의 방법을 터득했으며 좋은 육질育質을 가지고 있는 꿩의 인공 사육을 이미 그 시대에 시도하고 있다.

우유를 먹지 않아 나라가 기울었다

칼스의 눈에 비친 한국인의 모습으로 주목할 만한 것은 한국인이 우유나 양의 젖을 먹지 않는다는 사실이었다. 그는 이 대목을 설명하면서 이러한 육류 단백질의 섭취를 스스로 포기하고 있는 한국인들의 장래를 걱정하고 있는데, 이러한 지적은 후대의 우리가 주목해야 할 대목이 아닐 수 없다.

요즘에 와서는 육류 소비가 콜레스테롤을 증가시킨다는 등의 배부른 소리를 하고 있지만, 인류의 역사를 살펴보면 어느 시대를 막론하고 그 시대에 육류 소비량이 가장 많았던 민족이 그 시대를 지배한 것만큼은 틀림이 없는 사실이기 때문이다. 로마가 그렇고, 몽골이 그렇고, 지금의 미국이 그렇다.

육식 민족이 당대의 역사를 지배할 수밖에 없는 중요한 이유는 그들이 채식 민족에 견주어 육체적으로 힘이 강인할 뿐만 아니라 성격도 더 공격적이기 때문이라는 것이 나의 일관된 주장이다. 채식을 강조하는 것이 의학적으로는 맞는 말일지 몰라도 역사는 그렇지 않았음을 보여 주고 있다.

우리 민족이 처음부터 채식 민족이었던 것은 아니다. 물론 남방계가 채식 민족이었던 것이 사실이지만 기마 민족이었던 북방계는 분명히 육식 민족이었다. 그러던 것이 7세기에 고구려가 멸망하고 유목 민족이 몰락하면서부터 우리는 농경 민족이 되었고, 그 뒤 주식이 곡류로 바뀌면서 우리의 체내에는 육류를 소화할 수 있는 효소인 락타아제lactase가 퇴화하기 시작했으며, 이것이 민족의 열등화의 결정적인 계기가 되었다.

요즘의 기성세대 가운데 우유를 먹으면 설사하는 것은 바로 그러한 소화 효소의 퇴화 때문이다. 이런 점을 생각할 때 한국인이 우유를 먹지 않음으로써 겪게 될 장래의 비극을 걱정한 칼스의 지적은 우리의 역사에 시사하는 바가 참으로 크다.

칼스의 『조선풍물지』에서 눈길을 끄는 또 다른 대목은 거기에 수록된 40편의 삽화이다. 초벌 그림의 인상을 풍기는 이 그림들은 당시 한국인의 모습을 익살스럽게 표현하고 있다는 점에서도 가치가 있지만, 그의 글의 행간을 주목하노라면 당시 서양 사람들이 얼마나 많은 한국의 서화와 골동품을 반출해 갔는가를 알 수 있다. 칼스의 설명에 따르면 이 그림들은 그가 직접 그린 것이 아니라 그가 가져간 한국의 민화와 풍속화, 그리고 도자기를 밑그림으로 하여 영국의 화가가 다시 스케치한 것임을 알 수 있다.

화풍으로 볼 때 이 책에 수록된 그림들은 당대 최고의 풍속화가로서 외국인들과도 교분이 두터웠던 기산箕山 김준근金俊根의 풍속화를 토대로 하여 그린 것임이 틀림없다. 그렇다면 이 그림들의 밑그림으로 얼마나 많은 풍속화나 민화가 이미 그 당시에 해외로 반출되었는가를 알 만하다.

달걀 장수
칼스가 가져간 한국의 민화와 풍속화 등을 밑그림으로 영국의 화가가 다시 스케치한 그림. 이로 보아 얼마나 많은 풍속화나 민화가 해외로 반출되었는가를 알 수 있다.

어머니를 연상케 하는 수채화들

이 무렵보다는 다소 시차를 두고 한국을 찾은 또 다른 영국인이 있었는데 그가 두 번째로 소개하고자 하는 켐프Emily G. Kemp 여사이다. 그의 직업은 풍경 화가였기 때문에 그의 기행은 전적으로 그림 여행이었고 따라서 그의 기록이 한말 풍운의 역사를 주로 다루고 있지는 않다.

그러나 공교롭게도 그가 시베리아 횡단 철도를 타고 봉천奉天을 거쳐 한국에 들어온 것은 왕조의 멸망이 목전에 다가온 1910년이었기 때문에 그는 자신이 목격한 일부의 정치적 사건과 전문傳聞을 다루고 있다. 그는 한국 전역을 돌아보았지만, 특히 금강산의 경치에 대한 찬사와 여인상에 대한 아름다운 그림과 기록을 남겼다.

한국의 풍광은 얼마나 아름다운 것이었을까? 객기로 살던 젊은 날에 나는 강릉江陵 경포대鏡浦臺에서 영주榮州 불영사佛影寺까지 걸어서 여행하던 추억을 소중하게 간직하고 있다. 특히 25km의 불영계곡을 걷던 추억은 오랜 세월이 흘러 알프스나 그랜드 캐니언을 본 후에도 사그라지지 않았다.

그 아름다운 풍경 때문에 중국의 누구인가는 "원컨대 조선에 태어나 금강산이나 한번 보았으면"願生高麗國 一見金剛山이라고 시를 읊었는지도 모른다. 조선의 풍광을 탐미한 시인 묵객들이 많았지만, 이 책의 필자인 켐프의 그림은 참으로 인상적이다.

이 책은 본디 단행본이 아니라, 켐프 여사의 『만주 · 한국 · 투르크스탄 여행기』(*The Face of Manchuria, Korea, and Russian Turkestan*, New York : Duffield & Co., 1911) 가운데 제2부(Part II : Korea)만을 옮긴 것이다.

뉴욕의 고서점에서 이 책을 처음 보았을 때 나는 거기에 수록된 아름다운 수채화에서 눈을 뗄 수가 없었다. 특히 조바우를 쓴 여인의 모습을 보면서 나는 새색시 시절의 어머니를 회상했으며, 어쩌면 이 그림은 한국회화사에 남을 것 같다는 생각이 들었다. 나는 이 책이 개화기의 문물을 소개하는 탁월한 여행기라고는 생각하지 않았으나 그 천연색 그림과 화가가 본 한국의 풍광을 소개하고 싶었다.

특히 캠프의 눈에는 한국 여인의 숨어 사는 모습이 기이하게 보였던 것 같은데, 이는 같은 여자의 입장이어서가 아니라 당시 한국 여인의 모습을 본 외국인의 공통된 인식이었다. 그런데 아랍 여인들의 차도르처럼 긴 장옷을 입은 여인의 출타하는 모습이라든가 이목이 번잡하지 않은 해거름에나 바깥출입을 하는 여인의 모습은 흔히 볼 수 있었지만, 장옷마저 없는 여염의 아낙은 하다못해 키라도 쓰고 나가던 모습의 익살스러운 그림이 이채롭다. 그 밖에도 풍경 화가답게

캠프 여사가 그린 키를 쓰고 외출하는 여인
장옷마저 없는 여염의 아낙은 하다못해 키라도 쓰고 외출했다.

조바우를 쓴 조선 양가의 여인(그림 : 켐프)

그가 그린 산수의 풍경도 이 책에서 빼놓을 수 없는 장면들이다.

식민지주의를 거론할 때면 우리는 일본을 생각하게 되고 침략·약탈·학살과 같은 것들을 연상하게 된다. 그러나 모든 식민지가 일본과 같지는 않았다. 영국처럼 지하자원이나 문화재를 주목했던 나라가 어쩌면 더 식민지주의적이었다고도 볼 수 있다. 다만 그들은 숙주宿主의 생명을 상하지 않으면서 더 저강도低强度의 수탈을 했다는 차이만이 있을 뿐이다.

North Gate, Seoul
켐프 『조선의 모습』 수록

칼스

William Richard Carles (1848~1929)

1848. 6. 1.	영국의 와위크(Warwick)에서 목사의 아들로 출생 말보로대학(Marlborough College) 졸업
1867	중국으로 건너가 북경 주차 영국 공사관의 번역 유학생으로 활동함
1882~1883	북경 주차 공사관 서기관 대리
1884~1885	조선 주차 영사
1886	헬렌(Helen M. James)과 결혼 상해(上海) 부영사(1886), 중경(重慶) 영사(1889), 한구(漢口) 영사 대리(1895~1896), 복주(福州) 영사 대리(1897~1898), 천진 및 북경 영사 및 총영사(1899~1900)를 역임
1901	일선에서 은퇴, 왕립지리학회 회원(FRGS)과 세계적인 동식물 학회인 린네협회(Linnean Society)의 회원으로 활약
1901	성(聖) 미카엘 조지 훈장(CMG)을 받음
1929. 4. 7.	사망 취미는 크리켓 · 테니스 · 승마였음

켐프

Emily G. Kemp (1860~1939)

E. G. 켐프의 자화상

	영국의 풍경화가
1860	침례교 집안의 부호의 딸로 태어남
	옥스퍼드대학 섬머빌 칼리지(Somerville College, Oxford)와 예술학교(School of Fine Arts)에서 미술을 전공
	슈바이처(Albert Schweitzer) 등과 교유
	아마존에 그림 여행, 중동과 극동의 그림 여행
	왕립 스코틀랜드지리학회 회원(FRSGS)
	옥스퍼드대학에 섬머빌 칼리지 교회를 기증
1893~1913	전시 활동 : 그의 작품은 알파인 클럽 갤러리(Alpine Club Gallery)에 9점, 워커 아트 갤러리 (Walker Art Gallery, Liverpool)에 1점, 여성예술가협회(Society of Women Artist)에 2점이 소장되어 있음
	중국 여행의 견문을 토대로 『중국의 모습』(*The Face of China*, 1909)을 씀
1939	사망

젊은이의 나태함이 망국을 부른다

●

한국은 러시아의 먹이가 될 것이다

길모어, 『서울풍물지』

(*Korea from it's Capital,* Philadelphia : Presbyterian Board of Publication and Sabbath-School Work, 1892)

흔히 말하는 지식인이란 그 사회에서 최고 학부를 졸업하고 국가 경영에 일정한 몫을 차지하고 있으면서 경제적으로 궁핍하지 않게 살아가는 상류층을 의미한다. 그런데 이러한 개념이 우리 사회에서는 보편적으로 받아들여지지 않고 있으며, 이상하게도 영어를 할 줄 안다거나 미국을 다녀왔다거나 하는 기준으로 지식인의 여부를 따지는 경향이 있다.

그러므로 미국 사람과 불편 없이 대화를 나누는 사람이라면 우리 사회에서는 남들의 부러움을 사기에 충분하다. 우리는 이를 가리켜 흔히 사대주의라는 말로 단언해 버리고 말지만 이에 대해서는 좀 더 깊이 있게 그 뿌리를 살펴볼 필요가 있다.

아마도 이런 식의 한국인의 의식 구조에 대해 최초로 생각한 사람은 이 책의 필자인 길모어George W. Gilmore 목사가 아닐까 생각된다. 그는 한국에 입국하여 살면서, 심성이 결코 친절하다고 볼 수 없는 한국인들이 왜 미국인만 만나면 기신거리는가를 알 수가 없었다.

얼마의 세월이 지나 한국인들을 겪을 만큼 겪은 뒤에야 그가 얻은 결론은 한국인이 외국인과 어떤 형태로든 인연을 맺고 있으면 탐관오리의 수탈과 박해를 겪지 않을 수 있기 때문이라는 것이었다. 외국인을 사귀어두는 것이 바람막이가 된다는 것은 우리 사회가 정의롭지 못했음을 의미할 수도 있고 지배 계급이 그만큼 외세에 취약했음을 뜻할 수도 있지만, 그 덕분에 서구의 선교사들이 목회하는 교회는 한국인 신도를 끌어들이기가 수월했다는 것이 길모어 목사의 고백이다.

엿장수

한국인은 불결한 민족이 아니다

이러한 관찰이 아니더라도 한국에 대한 길모어 목사의 안목은 남다른 데가 있다. 그 당시에 한국에 왔던 외국인들이 한결같이 한국인은 누추하다며 비난하고 있음에도 불구하고 길모어 목사는 한국인이 결코 누추한 민족이 아니라고 강변하고 있다는 점에서도 특이하다.

길모어 목사의 관찰에 따르면 한국인이 누추해 보이는 결정적인 이유는 한국인들이 유별나게도 때가 잘 타는 흰옷을 입고 있기 때문이라는 것이다. 거기에다 사태를 악화시킨 것은 부모뿐만 아니라 왕실에 초상이 났을 때도 흰 상복을 입어야 하므로 사시사철 상복 벗는 날이 드물었다는 점이다. 그뿐만 아니라 한국의 정장은 세탁하려면 옷의 부분 부분을 뜯어서 세탁한 다음 다시 바느질을 해야 한다는 점도 옷에 많은 때를 타게 된 이유라고 그는 설명하고 있다.

당시에 한국을 찾았던 외국인들이 한결같이 비난하는 우리의 정책 가운데 하나는 쇄국鎖國에 관한 문제이다. 서구인들이 쇄국을 비난하는 이면에는 한국을 야만시하는 백색우월주의가 가시처럼 깔려 있었다. 그런데 길모어 목사가 바라보는 쇄국의 원인은 매우 긍정적이었다. 길모어의 주장에 따르면, 쇄국의 원인은 왜구倭寇의 노략질에서 비롯된 것으로서 자기방어의 본능에서 나온 것이라고 한다. 한국인들이 생각하기에 같은 피부를 가진 왜구가 저토록 포악할진대 서양 오랑캐들이야 오죽하겠는가? 라는 두려움이 그 바닥에 깔려 있다는 것이다.

이러한 취지에서 시작된 통상 수교 거부 정책은 서구 문명의 경이

어느 농부의 가족사진

로움으로 말미암아 더욱 강화되었고 이질화되기 시작했다. 이와 같은 사건의 구체적인 사례는 사진기의 신기함이었다. 사진기를 처음 본 한국인들은 그 렌즈가 사람의 눈을 빼어 박은 것으로 생각했고, 사진을 찍으면 사람의 혼이 그 사진기 안으로 빨려 들어가는 것으로 생각했다.

이러한 오해는 더욱 증폭되어 서구인들은 한국의 아이들을 납치하여 약으로 쓰거나 사진기의 부품으로 쓴다고 생각했기 때문에 사진을 찍지 않음은 물론 외국인에 대한 적대감을 더욱 강화해 나갔다.

문명의 오해가 빚은 또 다른 사건은 전차電車 소각 사건이었다. 한국인들은 전차의 신속함과 대량 운송 방법을 신기하게 생각하면서도 그 굉음이 지신地神을 괴롭힘으로써 결국 인간에게 재앙을 불러일으

1900년대 서울 종로의 모습
서울에 전차가 개통된 때는 1899년 5월 4일이었다.
『독립신문』에서는 처음에 '전거'電車라 했었다. 미국인 기사 콜브란이 역시 미국인 기사 보스트윅크와 더불어 전차 회사를 만들어 철로 부설에 착수한 것이 1898년인데 그 이듬해 개통되어 동대문–서대문을 다녔다. 동대문에 있는 차고에서 나오는 전차. 동대문에서 종로 쪽으로 바라본 종로 거리.

키리라고 믿었다.

그러던 차에 동대문 밖에서 전차의 선로를 베개 삼아 잠을 자던 노숙자가 전차에 깔려 죽는 사건이 발생했다. 이를 계기로 한국인들은 전차를 습격하여 소각시키고 운전사를 구타했다. 그들에게 문명의 이기는 낯설고 때로는 불편한 것이었다.

남존여비는 하층 사회에나 있었던 악습

길모어 목사는 한국 여성의 사회적 지위와 활동에 대해서도 기존의 서구인들과는 전혀 다른 견해를 피력하고 있다. 그의 지적에 따르면, 한국에서의 남존여비는 서구인들이 비하한 것과는 전혀 사실과 다르다는 것이다.

길모어 목사가 겪어 본 상류 사회의 가정에서는 남편이 아내에게 반드시 경어를 썼으며 결코 하대下待하지 않았다. 여인이 천대받기는커녕 여성, 특히 내당 마님의 존엄성은 절대적이었으며, 한 가문의 영광이나 몰락은 그의 처신에 달려 있을 만큼 그의 존재는 막강했다고 지적하고 있다. 그가 겪어 본 바에 따르면, 여성이 비천한 대접을 받는 것은 주로 하층 계급에서나 볼 수 있는 현상으로서 한국 사회의 보편적 현상은 아니었다는 것이다.

길모어의 이러한 관찰은 이 시대의 훼미니스트feminist들에게 시사하는 바가 있다. 그들은 우리의 전통문화에 대해 분별없이 공격했고 공자孔子가 나라를 망쳤다느니, 남존여비의 근원이 조선조 주자학朱子學에 유래하였다느니 하는 한풀이식의 논리를 전개했다.

그러나 그 내면을 들여다보면, 한국의 전통 사회에서 여인은 존엄한 존재였고 숭모 받는 어머니였다. 그들은 결코 남성 우월주의의 희생물로만 살아 온 것은 아니었다. 남존여비의 풍습이 있었던 것은 사실이지만 그것은 무지의 소산이었고 일부 천민 계급의 현상이었지 조선 사회의 보편적인 모습은 아니었다. 그러한 현상은 지금의 시대에도 마찬가지일 것이다.

빨래터에서 돌아오는 여인

길모어 목사가 한국 사회를 남달리 긍정적으로 본 것은 사실이지만, 그가 칭찬 일색으로 한국인을 기록하고 있는 것은 아니다. 그가 한국 사회를 바라보면서 가장 가슴 아파한 것은 양반 계급이 노동의 신성을 깨닫지 못하고 있다는 사실이었다. 이는 단순히 생산성의 저하를 개탄하고 있는 것이 아니라, 지배 계급이 노동을 천시함으로써 실제 노동에 참여하고 있는 무리가 자포자기의 절망감에 빠지도록 만들었다는 점을 지적하고 있다.

한국인들은 어느 민족보다도 근면하고 또 한국의 부존자원을 고려할 때, 한국이 일본이나 중국에 견주어 가난하게 살아야 할 이유가 없음에도 불구하고 가난하게 사는 것은 전적으로 지배 계급의 그릇된 인식에 기초하고 있다는 것이 그의 지적이다.

젊은이들에게 주는 충고

길모어 목사가 한국인에 주는 충고 가운데 우리가 정작 귀를 기울여야 할 대목은 청년들에 대한 충고이다. 그가 이 책을 쓸 무렵인 1892년의 시점에서 본다면, 당시가 풍운의 시대였음에는 틀림이 없지만, 국운을 걱정할 단계는 아니었다. 그럼에도 불구하고 그는 이미 대한제국의 미래에 암운이 끼고 있음을 감지하고 있었다.

길모어 목사의 이러한 관찰은 육영공원育英公院에서 가르치던 양반 자제의 타락과 나태, 그리고 무례에 대한 깊은 절망에 기초하고 있다. 모두가 양반의 자제였던 학생들은 후대를 이어갈 인재들이었음에도 불구하고 그들의 얼굴에는 조국의 미래를 고뇌하는 흔적을 찾

종로 거리

아볼 수가 없었다. 학생들은 심지어 기상나팔이 울려도 일어나지 않았으며, 교사들의 가르침이나 훈육을 자기네 집 사랑채에서 기식寄食하는 서생의 얘기 정도로밖에는 듣지 않았다.

우리가, 특히 이 나라의 청년들이 이 책에서 배워야 할 대목은 바로 이 부분이다. 그는 한국의 미래를 걱정하면서 어쩌면 한국은 러시아의 먹이가 될는지도 모른다고 예상했다는 점에서 본다면, 그의 판단은 빗나갔다고 볼 수도 있고 달리 보면 그는 한국의 장래를 멀리 보았다고 말할 수도 있다. 왜냐하면, 훗날 우리를 병탄倂呑한 것은 일본이었기에 그의 예상은 빗나갔다고 볼 수도 있고, 달리 보면 더 훗날 이 나라를 분할 점령한 것은 소련이었다는 점에서 그의 예상은 맞았다고 볼 수도 있기 때문이다.

길모어의 한국어 선생님 부부

1890년대 초라면 중국으로서는 서세동점기의 수모를 절치부심하면서 권토중래를 도모하고 있던 시기였다. 그러나 그보다 더 무서운 것은 일본의 우익 청년들이었다. 그들은 청국과의 일전이 비켜 갈 수 없는 숙명이며 그 전장戰場은 조선과 만주가 되리라는 것을 알고 있었고, 그래서 사코우 가게아키酒匂景信와 같은 청년 장교는 이미 만주 벌판을 헤매며 지형지물을 탐사하고 있었다.

다루이 도키치樽井藤吉와 같은 사무라이는 조선을 병합하겠다는 일념에서 쪽배 한 척을 타고 조선에 상륙하여 자료를 수집하고 있었으며, 이토 히로부미伊藤博文는 내각 총리대신이 되어 조선 병합의 야망을 구체화하고 있었다.

우치다 료헤이內田良平와 같은 사무라이는 천우협天佑俠이라는 비밀 결사대를 이끌고 조선에 잠입하여 동학東學농민혁명을 확산시켜 일본이 조선에 파병할 수 있는 구실을 만들고자 전라도 만경평야萬頃平野에 은신해 암약하고 있었다. 이러한 태풍전야의 시기에 한국의 젊은이들은 기상나팔 소리를 듣고서도 잠자리에서 일어나지 않고 있었다.

1886년부터 1894년까지 8년 동안 존속했던 육영공원이 결국 양반자제인 학생들의 나태로 더 이상 존속할 의미가 없게 되자 길모어 목사는 모든 것을 체념하고 귀국 길에 올랐다. 함께 왔던 헐버트H. Hulbert와 벙커D. Bunker는 귀국하지 않고 남아 있다가 끝내 대한제국의 멸망이라는 비극을 목격했다.

그러나 길모어는 그러한 비극을 보지 않으려는 듯이 고향으로 돌아가 성서를 번역하고 한국에 대한 회고록을 집필하며 여생을 마쳤다. 1백 년의 세월은 어찌 보면 긴 시간일 수도 있지만, 역사의 긴 수레바퀴에 비춰보면 그리 먼 옛날의 얘기가 아니듯이, 길모어가 당시의 청년에게 남긴 충고는 백 년의 시차에도 불구하고 이 시대의 청년들에게 하나의 고언苦言이 되기에 충분하다.

길모어

George William Gilmore, 吉毛 (1857~1933)

1857	그레이터 런던에서 출생
1883	프린스턴(Princeton)대학을 졸업하고 유니언신학교에 들어가 신학을 공부, 목사 안수를 받음
1886. 7. 4.	헐버트(Homer B. Hulbert) 그리고 벙커(Dalzell A. Bunker)와 함께 한국에 도착하여 육영공원(育英公院) 교사로 부임함
1894	육영공원이 폐교되자 귀국
1894~1906	귀국하여 부르클린공과대학(Brooklyn Polytechnic Institute), 방고르신학교, 미드빌신학교 등에서 성서의 역사, 히브리 원전 성서, 종교사 등을 강의했음
1905	『종교백과사전』의 편집자로 활약했고, 『사도 요한전』을 씀

한반도는

다민족의 혼혈 사회

●

문화인류학자의 붓으로 그린
'고요하지 않은 아침의 나라'

새비지-랜도어, 『고요한 아침의 나라 조선』

(*Korea : The Land of Morning Calm,*

London : William Heinemann Co., 1895)

구한말에 한국을 거쳐 간 외국인들이 한국을 표현하는 말로 가장 흔히 썼던 용어는 아마도 "고요한 아침의 나라"가 아닌가 싶다. 조선朝鮮을 글자 그대로 표현한 이 용어는 그 뒤 외국인들 사이에서 한국을 지칭하는 붙박이 이름이 되었고 한국인들도 그러한 명칭에 대해 싫은 내색을 하지 않았다. 그런데 이 용어를 처음 쓴 것은 미국의 천체물리학자였던 로웰Percival Lowell의 『고요한 아침의 나라』(*Chosun : The Land of Morning Calm*, 1888)에서 비롯되었으나 그 뒤 바로 새비지-랜도어의 이 책이 출간됨으로써 이 명칭은 더욱 인구에 회자膾炙되었다.

이 책의 필자인 랜도어는 매우 기이한 사람이었던 것 같다. 멀쩡한 이름 앞에 새비지Savage(야만인)라는 이름을 덧붙인 것도 그러려니와 어느 한곳에 정착하지 못하고 유럽을 떠돌던 그의 할아버지를 닮아 역마살驛馬煞 낀 사람처럼 그림 도구만을 들고 평생 오대양 육대주의 곳곳을 찾아다녔다는 것도 특이하다.

새비지-랜도어의 직업이 화가였기 때문에 이 글에 담긴 내용과 38장의 손수 그린 그림은 당시의 생활상을 이해하는 데 많은 도움을 준다. 그리고 그 내용도 여느 선교사나 외교관 또는 탐험가들이 종교나 풍습, 제도, 그리고 한국에의 투자 가치에 초점을 맞추고 있는 것과는 달리 그의 글은 삶의 리얼한 모습들을 담고 있다는 점에서 특이하다.

새비지-랜도어가 본 조선의 첫인상은 이 땅이 다민족으로 혼혈된 사회라는 점이다. 단일 민족, 단군檀君의 자손 등의 어휘에 익숙해 있는 우리에게 이러한 주장은 다소 충격적일 수 있다. 그의 주장에 따르면, 우리 민족은 북방의 몽골리안족이 주종을 이루고 있는 것은 사실이지만 그 밖에도 중앙아시아의 혈통이 많이 혼혈되어 있으며, 그 특징은 각기 다른 피부 색깔에서 잘 나타나고 있는데 주로 기호 지방의 사대부들이 이 혈통에 속한다는 것이다.

그뿐만 아니라 우리에게는 남방계의 피도 많이 섞여 있는데, 이는 왜소한 체형을 가진 남부 지방에서 잘 나타나고 있다고 한다. 그는 이와 같은 사실을 입증하려고 그의 그림 솜씨를 발휘하여 각기 특징적인 두상과 체형을 삽화로 묘사한 것이 흥미롭다.

문화인류학적으로 볼 때 필자의 이와 같은 기록은 매우 주목할 만하다. 한민족이 단일 민족이라는 것은 비학술적 신화에 지나지 않는 것이며 정확하게 말하면 우리 민족은 적어도 30여 인종의 혼혈로 이뤄지고 있다는 것은 생태학적으로 이미 정설이 되어 있기 때문이다.

예컨대 우리 사회에는 남방계의 가장 두드러진 특징이라고 할 수 있는 쌍꺼풀이 있는 사람도 있고 없는 사람도 있다. 2만 년 전의 민족 이동 당시에 영하 50°의 추위를 견뎌야 했던 북방계로서는 안구眼球의 보호를 위해 눈꺼풀이 두꺼울 수밖에 없었고 따라서 쌍꺼풀이 나타나지 않는다. 말총머리는 북방계이며 고수머리는 남방계이다. 얼굴이 희멀건 사람은 서방계(중앙아시아)이며, 검은 사람은 남방계이다. 높은 광대뼈는 북방의 혈통이다.

체형도 매우 다르다. 북방계는 다리가 긴 대신에 팔이 짧고 남방계는 팔이 긴 대신에 다리가 짧다. 그러므로 앉아 있을 때는 남방계가 커 보이며 서 있을 때는 북방계가 커 보인다. 생활 습속 중에는, 서양 사람들이 고양이 세수를 하지만 몽골리안들은 투레질을 하면서 목 뒤까지 씻는다. 일제 시대 때 일본군에 고용된 한국의 첩자들은 세수

새비지-랜도어가 그린 '북청물장수'
물지게를 지고 있는 물장수의 차림새가 왠지 애조를 띠고 있다.

할 때 투레질과 목 뒤까지 씻는 습관 때문에 한국인인 것이 발각되었다. 들판에 나가서 고수레를 하는 것도 북방계 몽골리안에서만 나타나는 현상이다.

단일 민족이라는 신화 속에 오랫동안 살아온 우리에게는 이런 것들이 예사롭게 보였지만, 세상의 온갖 인종을 만나 본 화가 새비지-랜도어의 눈에는 이러한 현상들이 예사롭게 보이지 않았고 그래서 그는 한민족이 다민족 혼혈 사회라고 하는 탁견卓見을 제시하고 있다.

한국 여인의 복식미服飾美는 세계 최고

화가로서의 그의 눈은 당연히 조선의 미학으로 쏠리고 있다. 세계를 돌아본 그의 눈에는 우리가 흔히 자찬하듯이 이 땅이 금수강산으로 비치고 있지는 않다. 기온의 연교차年較差가 70° 가까이에 이르는 이 땅의 풍토가 그에게는 아름다울지는 몰라도 그리 살기 좋은 곳으로 보이지는 않았던 것 같다.

그럼에도 불구하고 그는 한국을 얘기하면서 한국 여인들의 모습에 많은 관심을 보이고 있다. 그가 본 한국의 아름다움의 극치는 여성의 복식에 나타난 곡선미였다고 한다. 혼혈을 통해 한국의 여인이 특유한 미모를 가지고 있지만, 그보다 더 그의 관심을 끄는 것은 한국인들의 심미안이었다.

정장한 여인
랜도어는 한국의 아름다움의 극치는 여성의 복식에 나타난 곡선미라 했다.

플로렌스에서 태어나서 자란 그는 고대 로마의 조각에 나타난 아름다움을 볼 만큼 보았지만, 한국 여성의 복식이 보여 주고 있는 것에 견주면 그 아름다움은 비교가 되지 않는다고 한다. 비너스의 곡선미도 한국 여성의 의상이 보여 주고 있는 아름다움을 따라가지 못한다는 것이 그의 평가이다.

그런데 이러한 한국의 여성미를 더욱 인상 깊게 하는 것은 그들의

갓 쓰고 장죽을 문 조선인

얼굴에 나타나고 있는 깊은 우수憂愁라고 그는 지적하고 있다. 장옷을 덮어쓰지 않고서는 대낮에 외출할 수도 없으며, 밖에 볼일이 있으면 해가 진 후에야 몸종을 데리고 외출해야 하는 풍습 등이 그의 눈에는 희한하게만 느껴졌던 것 같다.

그가 서울에 머무르고 있는 동안 길에서 마주친 여성들은 한결같이 갑자기 대문을 열고 집으로 들어가는 것을 보면서 왜 자신이 만난 여인들은 늘 자기 집 앞에 이미 도착해 있는지를 알 수 없었다.

그러나 알고 보니 그곳은 그 여인의 집이 아니었으며, 한국의 여성들은 외간 남자를 만나면 아무 집이나 자기 집처럼 일단 몸을 피한다는 것을 알고서야 영문을 깨달았다고 한다. 중동의 회교권 여성에 결코 뒤지지 않는 이와 같은 은둔성隱遁性과 남편의 방종한 생활은 여인의 마음을 아프게 하고 있다고 그는 지적한다.

새비지-랜도어는 특히 상류층에 올라갈수록 사대부의 아내들은 정신 질환으로 고생하고 있는 사람이 많으며, 이런 점에서 그들은 하층민보다 결코 행복하지 않다고 지적한다. 차라리 하층민의 여성들은 거리를 활보하고 악다구니를 하며 인간적인 삶을 살고 있었다. 그러나 양반댁의 마님은 소실에 대한 질투를 안으로 삭여야 하고, 그 엄정한 법도 아래에서 참고 살아야 하고, 자식에 대해 부모로서의 권위를 포기해야 하는 과정에서 마음의 병이 깊어진다는 것이 랜도어의 관찰이었다.

연전에 세계정신의학회에서 한국의 여인에게만 독특하게 존재하는 그와 같은 마음의 병을 *Hwat-byung*(홧병)이라는 고유 학명으로 국제 학회에 기록한 일이 있는데, 이는 이미 백 년 전에 파란 눈의 외국인들에게는 선연하게 보이고 있었던 사실이다.

그가 화가였다는 사실은 당시의 모습을 그리는 데 하나의 잇점利點이 될 수 있었음을 그는 다행스럽게 생각하고 있다. 물론 그 당시에도 사진이 있었으나 사진을 찍으면 혼이 빠져나간다고 한국인들은 믿었기 때문에 풍경 사진은 많아도 초상화의 사진은 드물었다.

그 대표적인 예가 명성황후明成皇后였다. 그의 사진이 없었던 탓에 을미사변 당시 일본의 낭인浪人들이 그를 찾아 시해하기 위해 무작위 살인을 했기 때문에 더 많은 궁녀를 죽일 수밖에 없었던 일은 잘 알려진 사실이다. 오늘날 명성황후의 초상을 둘러싸고 진위의 논쟁이 끝없이 벌어지고 있는 이면에는 그와 같은 사진 기피 심리(photo-phobia)가 크게 작용하고 있다.

고종의 어진을 그리다

그러나 사대부의 사회에서 초상을 그리는 일은 이미 오래전부터 성행하고 있었기 때문에 화가로 소문난 그가 서울에 왔다는 소문을 들은 당시의 실력자들이 앞다투어 그의 앞에서 초상화를 그렸는데 김가진金嘉鎭, 민영환閔泳煥, 민영휘閔泳徽 등이 바로 그들이었다.

새비지-랜도어가 그린 김가진의 초상
"그는 박학다식하고 재기가 출중했으며 내가 만난 수많은 훌륭한 외교관들 중에서도 가장 뛰어난 외교관이었다."고 랜도어는 말했다.

이 소문은 드디어 고종에게까지 들어갔고, 그래서 랜도어는 고종의 어진御眞을 그린 최초의 서양 화가가 되었다. 그림을 그리면서 그는 동양 사람들이 원근법을 전혀 무시하고 초상화를 그려 주라고 요구하는 바람에 겪어야 했던 고충을 피력하고 있다. 그는 자기의 그림 솜씨 덕분에 한국에 머무르는 동안에 상당한 호사를 누리면서 양반 사회를 관찰할 수 있었다.

새비지-랜도어가 양반이나 세력가의 호사를 누리면서 가장 고통스러웠던 것은 과식過食을 강요하는 관습이었다. 그는 어느 세도가의 초상화를 그려 주고 다섯 시간에 걸친 점심을 먹어야 했던 악몽을 털어놓고 있다.

그는 너무 포만飽滿해서 집으로 걸어오면서 음식이 넘어오려고 하여 고개도 돌리지 못하고 걸었던 기억을 지울 수 없었다고 한다. 그런데 그가 놀란 것은 이러한 폭식이 부유층에게만 만연된 것이 아니라 서민 사회에서도 마찬가지였다는 사실이었다.

왜 한국인들은 폭식하는가? 그의 설명에 따르면, 상류 사회의 폭식은 허례에 원인이 있었다. 그와는 달리 가난한 사람의 폭식은 다가올 굶주림에 대한 공포 때문에 기회가 있을 때 영양분을 비축한다는 의미가 있었다. 그러기에 그 당시에 이미 한국인들의 상당수는 만성적인 소화불량으로 고생하고 있었다는 것이 그의 관찰이었다.

이런 측면에서 상류 사회가 치르는 잔치는 하층민들에게 단백질을 공급할 좋은 기회였다. 그런 점에서 음식이 푸짐한 한국의 잔치 문화는 문화인류학의 입장에서 접근할 일이지 허례로만 취급할 수 없는 부분이 있다.

시구문 밖의 처형장

새비지-랜도어의 본래의 직업이 화가였다고는 하지만 그 당시 한국을 찾아온 대부분 사람이 다 그랬듯이 그는 모험심도 많은 사람이었다. 그는 특히 한국의 형사 제도에 많은 관심이 있어서 이를 두 장章에 걸쳐 기록하고 있다. 한국의 형제刑制 중에서도 그가 자신의 눈으로 확인하고 싶었던 것은 당시 풍문으로만 들리던 한국인의 처형處刑 장면이었다. 그래서 그는 대역죄인의 처형 장소인 시구문屍口門 밖에서 며칠을 기다리다가 드디어 기회를 잡았다.

사형이 집행되는 순간 그는 먼발치에 숨어서 그 끔찍한 장면을 스케치하여 이 책에 수록하고 있다. 이 당시에 처형된 대역죄인들은 이근응李根應, 윤태선尹台善, 임하석林河錫, 그리고 승려인 가허駕虛 등인데 그가 거명한 이름과 날짜가 『고종실록』(1890년 12월 28일자)과 정확하게 일치하고 있는 것으로 봐서 이 기록과 그림은 그가 들은 얘기가 아니라 그가 육안으로 목격한 사실임을 알 수가 있다.

망국의 그림자가 다가온다

『고요한 아침의 나라 조선』의 필자인 새비지-랜도어가 이 책의 행간을 통하여 알리고자 하는 메시지의 핵심은 조선이 결코 "조용한 나라"가 아니라는 점이었다. 국제적으로 보면 물밀듯이 몰려오는 서세동점과 그에 대한 무방비, 국내적으로 보면 관리의 끝없는 수탈과 이에 대한 만성적 불만, 그리고 인성으로 볼 때 싸우는 듯한 말투, 민속의 대표적인 현상인 정월 대보름의 촌락 사이의 돌싸움[石戰] 등, 어느 모로 보나 이 나라는 "고요한 나라"라는 이름과는 상당히 동떨어져 있다고 그는 생각하고 있다.

오히려 바깥세상의 격변하는 모습과 이와는 대조적인 조정의 무사안일한 평온이 이 나라의 앞날을 어디로 끌고 갈는지에 대한 불안을 유발했고, 그는 이러한 걱정을 은유隱喻로써 표현하고 있다. 그는 한국의 앞날에 슬픔과 재앙이 다가오고 있다는 충고를 잊지 않았다. 그는 이미 한반도를 둘러싼 청국과 일본의 갈등을 감지하고 있었고 그가 한국을 떠난 지 몇 해가 지나지 않아 청일전쟁이 일어남으로써 조선에 대한 그의 근심은 현실로 나타나기 시작했다.

필자소개

새비지-랜도어

Arnold H. Savage-Landor (1865~1924)

	영국의 화가이자 여행가
1865	영국의 저명한 시인이자 작가로서 방랑벽이 있는 할아버지 월터 랜도어(Walter S. Landor)가 가족을 데리고 이탈리아를 유랑하는 동안 플로렌스에서 태어남
	청소년기에 파리에서 미술을 공부함
1890년대	중국과 조선을 장기간 여행함
	미국, 대서양의 아조레스(Azores) 군도, 호주, 아프리카를 여행한 다음 민다나오를 탐험
1902	러시아와 인도를 여행
1906	아프리카 횡단
1910~1912	남미를 횡단
	네팔의 룸파산(Mount Lumpa)을 등반
	제1차 세계 대전이 일어나자 그는 벨기에 정부에 고용되어 전령으로 활약

한국인은
나라 밖에서
성공하는 민족

●

기생충 같은 관리가
조국을 등지도록 만들어

비숍, 『조선과 그 이웃 나라들』
(*Korea and Her Neighbors,*
New York : Fleming H. Revell Co., 1897)

영국의 역사학자 트레버-로퍼Trevor-Roper의 말을 빌리면, "역사가는 자기의 주제가 되는 과거를 사랑해야 한다."지만, 역사학자들이 저지르기 쉬운 가장 큰 오류 가운데 하나는 아마도 자기 연민憐憫과 그로 말미암은 사실의 호도糊塗가 아닐까 생각된다.

이는 역사학에서 가장 경계해야 할 함정 가운데 하나이며 이를 극복하지 못하면 한국사는 한국 사람만이 읽는 역사로 끝나고 말게 될 것이다. 이제 우리는 한국사만으로서의 한국사가 아니라 동양사에서의 한국사와 세계사 속에서의 한국사의 위치를 돌아보아야 할 때가 되었다고 생각된다.

역사학자가 그와 같은 근시에 빠질 때 시각視角을 교정할 수 있는 가장 좋은 방법 가운데 하나는 잠시 자신의 자료를 덮어두고 남의 사는 모습이나 남의 눈에 비친 자신의 모습을 들여다보는 것이다. 이는 한국 사학사史學史의 가장 큰 병폐인 사료 부족으로부터 지평을 확대할 수도 있고 또 그것을 보충할 수 있기 때문이다.

특히 당대를 살았던 외국인들의 현장 목격담은 우리의 편협한 국수주의로부터 역사학을 해방하는 길이 될 뿐만 아니라 우리가 미처 보지 못한 허물이나 잘못된 가치관을 성찰하는 좋은 계기가 될 수도 있을 것이다. 여기에 번역하여 소개하는 『조선과 그 이웃 나라들』도 그러한 범주에 드는 좋은 사료 가운데 하나이다.

다만 이러한 사료를 읽을 때 우리가 유념해야 할 사실은 비기독교 사회에 대한 기독교인의 비논리적이고도 자존적인 비하 의식을 어떻게, 그리고 얼마만큼 버리고 받아들이느냐의 문제가 남아 있다. 그들이 당초부터 한국을 비하할 의지를 가지고 썼다면 읽을 가치도 없고 번역할 가치도 없겠지만, 그들의 호의와 남다른 통찰력이 담긴 글이라면 우리가 굳이 배척해야 할 이유가 없기 때문이다.

한말 외국인의 3대 노작 중의 하나

그들의 글에 다소 오류가 있다고 하더라도 그들이 우리에게 고마운 사람임에는 틀림이 없으며, 그들의 기록이 우리의 역사학에 끼친 공로를 무시할 수는 없다. 여기에 소개하는 『조선과 그 이웃 나라들』(1897)이 그러한 책 가운데 가장 대표적인 저술의 하나일 것이며, 이 책이 그리피스 교수William E. Griffis의 『은자의 나라 한국』(*Corea : The Hermit Nation*, 1882)과 헐버트 목사Homer B. Hulbert의 『대한제국멸망사』(*The Passing of Korea*, 1906)와 더불어 한말 선교사가 쓴 3대 노작의 하나로 꼽히는 이유도 거기에 있을 것이다.

영국의 황금기인 빅토리아 여왕 시대, 요크셔에는 버드Bird라는 명문가가 살았다. 그 가문에는 에드워드라는 귀족이 있었다. 그들은 이자벨라와 헤니Hennie라는 두 딸을 두었는데 이 유복한 가정에도 불행은 있었다. 가족이 모두 병약한 것이었다.

두 딸이 결혼하기에 앞서 부모가 별세하자 두 자매는 심한 우울증에 빠지게 된다. 이때 이 두 자매 앞에 백마 탄 왕자가 나타나게 되는데, 그는 이 두 자매를 치료하기 위해 왕진을 온 비숍John Bishop 박사였다. 그는 당대에 젊은 나이에 어의御醫의 수련의가 된 촉망받는 젊은이였다.

이 무렵에 동생 헤니가 장티푸스에 걸리게 되고 그런 인연으로 두

서울의 노점상

사람은 사랑하게 되지만 불행하게도 헤니는 치료도 소용없이 죽는다. 그 뒤 이자벨라는 동생의 연인인 비숍 박사를 사랑하게 되어 이자벨라의 나이 50세에 10년 연하인 비숍 박사와 결혼하게 된다.

그러나 이자벨라의 불행은 끝나지 않았다. 8개월의 행복한 결혼생활이 지난 후 1881년에 남편은 어느 선원을 수술하다가 단독증丹毒症에 감염되어 5년을 고생하다가 1886년 3월 6일, 결혼 5주년 기념일을 이틀 앞두고 사망한다.

이자벨라는 다시 우울증과 고독으로 괴로워하다가 당시로서는 탐험가들의 대상이 되었던 극동의 오지 여행을 떠난다. 그는 1894년 1월에 요코하마橫濱를 거쳐 2월에 한국에 도착했는데 그때 이미 그의 나이는 63세의 노령이었다. 그는 1897년까지 3년 동안 극동에 머물면서 네 차례에 걸쳐 한국을 방문하여 장기간 체류했다.

그는 마적단의 습격을 무릅쓰고 시베리아의 한인촌을 탐사했으며, 뼈가 으스러지는 상처를 입으면서 봉천奉天을 여행했다. 이 시기에 한국은 갑오동학농민혁명으로부터 청일전쟁과 갑오경장, 그리고 을미사변을 겪은 한말 풍운의 핵심이었기 때문에 그의 육성 증언은 그 시대 연구의 중요한 일차 자료가 될 수 있다.

갑오동학농민혁명과 청일전쟁의 생생한 목격담

비숍은 한국에 머물면서 크기가 2.4m×1.35m 짜리의 나룻배를 타고 죽을 고비를 수도 없이 넘으며 남한강을 따라 양주楊州, 여주驪州, 청풍淸風, 단양丹陽을 여행했고, 다시 노새를 타고 금강산의 4대 사찰과 안변安邊의 석왕사釋王寺를 돌아보고 북경로北京路를 따라 파주坡州, 안주安州, 덕천德川, 순천順川을 여행했다. 그뿐만 아니라 그는 한국인의 삶을 더 정확히 이해하고자 시베리아에 정착하고 있는 한인촌을 찾아보기도 했다.

깔끔한 일본을 거쳐 내한한 비숍 여사가 한국을 돌아보고 가장 충격적으로 받아들인 것은 가난과 불결이었다. 그는 이러한 한국인의 생활을 바라보면서 이 나라의 장래는 암담하다고 체념한다.

비숍이 더욱 절망한 것은 상류 사회의 사치와 방탕이었다. 그가 단양의 어느 토호의 집에 초대되었을 때 주인마님은 남아프리카의 다이아몬드 반지를 끼고 있었고, 남편은 스코틀랜드 위스키와 프랑스의 샴페인과 코냑을 두루 갖춘 채 영국제 시거를 물고 있었으며, 집안은 수단제 카펫을 깔고 벽에는 프랑스제 시계와 독일제 거울이 걸

남장을 한 비숍 여사

려 있고 탁자는 미국에서 수입한 것이었다. 이것이 지금의 얘기가 아니라 1890년대의 얘기라는 점이 우리를 놀라게 한다. 이런 모습을 보면서 비숍 여사는 한국의 장래에 더욱 절망을 느끼게 된다.

그러던 차에 그는 시베리아의 한인촌을 답사하고는 커다란 충격을 받는다. 왜냐하면 이곳의 한인들은 경제적으로 유복하고 검소하고 근면하며 인성도 착하기 그지없었기 때문이었다. 심지어는 이들의 삶을 시샘하는 러시아 정부가 한인들을 추방하고 유입을 집요하게 막았다.

이러한 모습을 보면서 비숍 여사는 한국인에 대한 자신의 판단이 크게 잘못되었다는 것을 느끼게 된다. 그들이 조선에서 살았더라면 이토록 근면하였을까? 라고 비숍 여사는 묻고 있다. 그렇다면 조선에 사는 한국인들은 왜 그렇게 가난하고 불결하고 게으르며, 러시아에 사는 한인들은 왜 그토록 근면하고 유복한가?

한국의 노동생산성이 낮은 것은 삶의 체념 때문

비숍 여사가 얻은 결론은 간단했다. 조선에 사는 한국인들이 가난한 것은 노동의 의욕이 낮고 따라서 생산성이 낮았기 때문이었다. 그렇다면 왜 조선의 노동 의지와 생산성은 그토록 낮은가? 결론은 부패한 관리의 수탈 때문이었다. 아무리 뼈 빠지게 일한다고 하더라도 어차피 내 것이 될 수 없다는 체념이 끝내 한국인을 가난으로 몰아넣었다는 것이다.

하층 계급에게 노동은 천형天刑이었으며 저주였고 관리는 기생충이었다. 자신의 운명이 자신의 노력으로 극복될 수 없다는 절망으로 말미암아 한국인들은 신분의 높고 낮음에 관계없이 무당의 주술에 의존하면서 살 수밖에 없다고 그는 진단한다. 이 가난한 나라에서 푸닥거리로 소요되는 연간 총액은 약 250만 달러에 이른다고 그는 지적하고 있다.

한국은 결코 가난하거나 게으른 나라가 아니라고 비숍 여사는 강변한다. 한국은 개발되지 않았을 뿐이다. 지금의 부존자원만으로도 얼마든지 행복하게 살 수 있는 잠재력을 가지고 있다고 그는 진단하고 있다.

한국인들의 식생활 중에서 외국인들이 공통되게 놀라는 한 가지 사실이 있는데 그것은 바로 탐식증貪食症이었다. 한국인들의 이러한

농부들의 저녁 식사
비숍 여사는 한국인들의 탐식증에 놀라워했다.

식사 습관은 너무도 가난하기 때문에 잔칫집에 가서 음식을 먹을 수 있는 모처럼의 기회야말로 그들이 아사餓死와 영양 결핍을 면할 유일한 기회라는 것을 너무도 잘 알고 있었기 때문이라고 그는 설명하고 있다.

부모가 자식들을 데리고 잔칫집을 찾아가 굴뚝 뒤에서 등을 두드리며 자식들을 억지로 먹이는 장면에서 우리는 1950년대의 소년 시절을 회상하게 된다. 우리는 이러한 현상을 설명하기 위해 아담 스미스Adam Smith의 『국부론』 이론을 인용할 필요는 없다.

오히려 똑같은 종자의 귤일지라도 양자강 남쪽에서 재배하면 당도가 높은 과일이 되지만 북쪽에 가면 탱자가 된다는 안자晏子의 말씀에서 더 많은 교훈을 얻게 된다. 왜 미국으로 이민 간 동포들은 그토록 근면하고 우수한데, 이 땅의 우리는 가난하고 찌들게 살아야 하는

가의 질문에 대한 대답도 여기에서 얻을 수 있다.

이러한 모순을 극복하고자 비숍 여사가 제시한 방안은 부정부패를 척결할 수 있도록 제도를 개혁해야 하고, 왕실의 전횡을 막도록 전제군주제에서 입헌군주제로 제도를 바꿔야 한다는 것이다. 정체를 입헌군주제로 바꿔야 한다는 그의 주장의 행간에는 자신들의 정체에 대한 오만이 배어 있어 크게 귀 기울일 바는 아니지만, 오늘날까지도 구두선口頭禪처럼 되뇌고 있는 부패의 문제는 어제오늘의 얘기가 아니고 또 오늘내일에 끝날 것 같지도 않다는 데 우리의 슬픔이 있다.

아내와 결혼하고, 소실과 사랑을 나눠

한말에 이 땅을 찾아왔던 외국인들의 기록에 공통되게 나타나지만 비숍 여사에게는 좀 색다르게 표현되고 있는 부분은 역시 여권女權 문제이다. 그는 우선 한국 여성의 한글 해득률이 0.2%라는 사실에 경악한다. 여성들의 문자 해득률이 이토록 낮고 그들이 은둔해서 살아야 하는 이유는 여성에 대한 남성들의 불신이나 비하 때문이 아니라 빗나간 사랑 때문이라는 것이 비숍 여사의 견해이다.

곧 아내는 그런 상황에서도 남편의 사랑을 의심하지 않고 남편은 그러면서도 자신이 아내를 사랑하고 있다고 주장하는 어이없는 부부상像이 이들을 불행하도록 만들고 있으며, 사대부 마님의 대부분이 서울의 지리를 모르면서도 불편을 느끼지 않는다. 남자들은 "아내와 결혼하고 사랑은 소실과 나누면서도" 자신은 아내를 사랑하고 있다고 믿고 있다는 점이다. 그것은 무지이다.

고종 어진

필자소개

비숍

Isabella Bird Bishop (1931~1904)

1831. 10. 15. 아버지인 에드워드 버드(Edward Bird) 목사와 어머니 도라(Dora Lawson) 사이에서 태어남. 고향은 요크셔(Yorkshire)의 보로브릿지(Boroughbridge)임

정규 학교에 다니지 않았으며, 어머니에게서 문학, 역사, 회화(繪畵), 프랑스어, 성서를 공부했고, 아버지에게서 라틴어와 식물학을 배웠으며, 혼자서 화학, 시, 생물학을 공부함

7세에 『프랑스혁명사』를 탐독함

캐나다와 북미주를 여행하고(1854) 『미국에 온 영국 여인』(*Englishwoman in America,* 1856)과 『하와이 군도』(*The Hawaiian Archipelago,* 1875)와 『일본의 오지』(*Unbeaten Tracks in Japan,* 1880)를 씀

1881. 3. 8. 의사 비숍(John Bishop) 박사와 결혼

1886. 3 남편 사망

1894. 1~1897. 1. 극동 여행

『조선과 그 이웃 나라들』(*Korea and Her Neighbors,* 1897),
『양자강 너머』(*The Yangtse Valley and Beyond,* 1899)를 집필함

1901 모로코를 여행한 후 그 여독으로 1904년 10월 7일에 사망

최초의 왕립지리학회 여성 회원

한국 여성 개화사의

큰 별,

언더우드 여사

●

명성황후 어의御醫의 눈에 비친 조선

언더우드, 『상투의 나라』

(*Fifteen Years among the Top-knots,*

Boston : American Tract Society, 1904)

독일의 철학자 니체F. W. Nitzsche의 말을 빌리면, 남자들이 역사에서 더 강하게 역할을 했다고 우쭐대지만, 인간의 내면에 들어가면 오히려 여자가 남자보다 더 강인하다고 한다. 역사의 표면에 나타난 지배자의 군상을 보면서 역사가 마치 남자들의 것인 양 기록되어 있지만, 어느 사건, 어느 위인의 배후에나 그 남자에 못지않은 여인들의 역할이 있었다.

때로는 어머니일 수도 있고 때로는 아내일 수도 있는 이들의 역할은 한국의 개화사에서도 마찬가지이다. 예컨대 그 시대를 살다간 대표적 개화 여성이었던 언더우드 여사가 그렇고 명성황후明成皇后 또한 그렇다.

여성 선교의 개척자 언더우드 여사

때는 1888년 3월, 음산한 제물포항에 일본의 상선 한 척이 정박하면서 많은 승객이 하선하고 있었다. 그 가운데 미모의 한 미국 여성이 있었는데, 처녀라고 하기에는 이미 과년한 38세의 호튼Lillias S. Horton 양이 바로 그였다. 미국의 명문 의과대학을 졸업한 그는 그리스도의 복음을 전파하고자 미지의 땅 조선에 상륙했다.

그러나 미국 양가의 처녀가 문명이 다르고 풍습이 다른 조선에서 겪은 생활은 무척이나 힘들었던 것 같았다. 그는 당시에 유행하던 콜레라 환자들과 함께 자신에게 부여된 소명을 다하려고 했지만 다가오는 고독과 문화 충격은 견딜 수 없었다.

제물포

8년 연하의 언더우드 박사와의 사랑

그럴 무렵 그의 주변에 한 남자가 나타났다. 언더우드H. G. Underwood(1859~1916)가 바로 그 사람이었다. 명문 뉴욕대학을 졸업하고 다시 뉴 브런스위크New Brunswick 신학교를 졸업한 뒤, 한미 수교와 함께 고종의 초빙으로 내한한 언더우드는 광혜원에서 자연과학을 가르치는 한편 새문안교회를 창설하여 목회를 하는 젊은이였다.

광혜원이라는 동일한 공간과 이국의 외로움, 그리고 같은 사명감을 가진 두 사람은 호튼 양이 8년 연상이었음에도 불구하고 곧 사랑에 빠지게 되었고, 호튼이 내한한 이듬해인 1889년 국왕이 하객으로 보낸 한규설韓圭卨과 민영환閔泳煥의 축복을 받으며 결혼했다.

1884년의 갑신정변 당시에 개화파의 저격을 받고 목숨이 위태로웠던 척신 민영익閔泳翊이 미국인 의사 알렌H. N. Allen의 도움으로 살아난 뒤 양의洋醫에 대한 경이로움이 자자하던 터에 서양의 여자 의사가 내한했다는 사실은 왕실의 관심을 끌기에 충분했다.

특히 남자 어의에게서 치료를 받아야 했던 명성황후로서는 언더우드 여사에 관한 관심이 대단하여 그의 결혼식에 축의금으로 100만 냥을 보내주었다. 당시 웬만한 부호의 유동 자산이 3천 냥 정도였다는 사실로 볼 때 그 액수의 크기와 명성황후의 관심을 미루어 짐작할 수 있다. 그 선물을 받은 언더우드 여사는 자신이 마치 『아라비안 나이트』의 주인공이 된 듯한 기분을 느꼈다고 회상했다.

언더우드 여사는 곧 명성황후의 초대를 받고 입궐하여 명성황후의 어의가 된다. 그가 입궐해서 보니 명성황후는 남자 전의典醫로부터 사진絲診을 받고 있었다. 사진이라 함은 남자 의사가 왕비의 몸에 손을 댈 수 없으므로 손목의 맥박에 실을 맨 다음 문밖에 앉아 그 실을 통하여 전해오는 박동으로 진맥을 하는 방법이었다.

혀를 살필 일이 있으면 문 창호지에 구멍을 뚫고 혀만을 내밀고 검진을 받는 것을 보면서 언더우드는 경이와 탄식을 함께 느꼈다고 고백하고 있다. 언더우드가 명성황후로부터 지극한 신뢰를 받았음에도 불구하고 그에게 금이나 은이 아닌 쇠붙이로 만든 주사를 놓고 몸에 칼을 대는 일은 끝까지 이루어질 수 없었다.

어린이 유괴 사건의 진상

내가 어렸을 적인 한국전쟁 당시, 동네에 미군들이 들어오면 어머니가 어린 나를 치마폭에 싸서 감추던 기억이 아직도 선연하다. 영문도 모른 채 오들오들 떨면서 왜 내가 숨어야 하는지를 어머니에게 물어보면, 어머니 말씀이 양코배기들은 어린아이들을 잡아다가 간을 빼 먹는다는 것이었다. 그로 말미암아 서양 사람에 대한 우리의 공포는 어린 시절을 지배했고, 그 공포는 나이가 들어서도 씻겨지지 않았다.

서양 사람들이 아이들을 잡아간다는 속설은 도대체 언제부터 어떤 연고로 시작된 것일까? 그것은 개화기의 슬픈 유산 때문이었다. 개화기에 한국에 온 선교사들은 한결같이 그 속설 때문에 곤욕을 치렀다고 기록하고 있다. 단순히 길에서 봉변을 겪는 정도가 아니라 유혈사태로 확산하는 때도 빈번히 있었다.

이 문제에 큰 관심이 있던 언더우드 여사가 밝힌 바에 따르면 그 시대에 실제로 어린이 유괴 사건이 있었고, 그 배후에는 한국인이 서양인들과 가까워져 개명되는 것을 꺼렸던 일본인의 음모가 도사리고 있었다고 증언한다.

언더우드 여사는 의료 활동뿐만 아니라 남편을 따라 서북 지방과 관서 지방의 선교에도 많은 노력을 기울였다. 허술한 숙박 시설, 강도와 맹수로 인한 생명의 위협, 그리고 처음 보는 서양 여자에 대한 한국의 호기심에 시달리면서도 그들은 전도 여행을 멈추지 않았다. 그가 지방으로 여행을 떠나면 서양 여자를 구경하려고 40리 밖에서도 사람들이 찾아와 구경하는 바람에 자신의 여행이 마치 "순회동물

돈치기
담벼락 밑에 모여 앉은 아이들이 돈치기를 하고 있는데, 이 돈치기는 열 두어 살가량의 소년들이 정월 대보름날 즐겨하던 놀이로서, 땅바닥에 반원을 긋고 그 안에 조그만 구멍을 파놓고서 조금 떨어진 곳에서 구멍을 향해 제각기 동전을 던져 넣어, 구멍에 들어간 첫째가 우선적으로 돈을 가지고 나머지 돈은 지정된 돈을 맞히는 아이가 가졌다. 돈 대신 깨어진 질그릇 조각을 사용하기도 한다.

행상 소년들

군산교회의 신도와 전도사들

원"과 같았다고 그는 회고하고 있다.

당시는 선교가 공식적으로 인정되지 않는 시대였기 때문에 평안도에서 세례를 줄 때면 교인들을 이끌고 압록강을 건너가 세례를 준 다음 되돌아왔다고 한다.

"여리고로 가는 길"

『신약성서』「누가복음」(10 : 30-37)을 보면 예루살렘에서 여리고로 가던 어떤 사람이 길에서 강도를 만나 다치고 어려운 형편에 빠지자 한 착한 사마리아인이 그를 구해 주었다는 기록이 있다. 이 구절로 인하여 "여리고로 가는 길"이란 도움과 사랑이 필요한 사람들에게로 가는 험난한 나그네의 길이라는 뜻으로 쓰이고 있다.

언더우드 여사는 한국을 찾아왔던 개화기의 인물로서 아마도 가장 많은 여행을 한 사람 가운데 하나일 것이다. 그는 황해도와 평안남북도의 전도 여행을 떠나면서 초대 교회의 어려움을 표현하고, 자기의 전도 여행이 마치 "여리고로 가는 길"과 같았다고 회상하고 있다. 뜨거운 온돌방, 잠을 이룰 수 없을 만큼 달려드는 벌레, 누추한 침구, 몰려오는 구경꾼들 때문에 문도 열어놓을 수 없는 답답함, 호랑이의 습격 등, 수없이 많은 고초를 겪으면서 전도 여행을 게을리하지 않았다.

그뿐만 아니라 언더우드 여사는 개화기의 중요한 사건을 가장 근거리에서 바라본 인물이었다. 그는 명성황후 시해 사건을 지켜본 증인으로 당시의 정황을 소상하게 기록하고 있으며, 아관파천俄館播遷은 남편 언더우드와 알렌 공사가 꾸민 일이라고 증언하고 있다. 그들이 고종을 미국 공사관으로 모시지 않고 러시아 공사관으로 모신 이유는 미국 공사관의 수비대가 러시아 공사관의 수비대만큼 강력하지 못했기 때문이었다는 이면사도 털어놓고 있다.

미국은 우리에게 누구인가 하는 질문은 한국의 현대사를 푸는 중요한 키워드가 되고 있다. 그 흔한 표현대로 "혈맹의 우방"이라고 생각하는 전통적 대미 의식도 있지만, 현대사의 좌파들은 미국을 결코 용서할 수 없는 한국 현대사의 비극을 유발한 행위자라고 비난하고 있다. 그 어느 쪽이든 간에 한 가지 분명한 사실이 있다. 그것은 다름이 아니라 어느 시대에나 착한 사마리아인은 있기 마련이라는 사실이다. 아마도 언더우드 여사는 분명히 그 착한 사마리아인 가운데 하나임이 틀림없을 것이다.

필자소개

언더우드 여사

Lillias H.Underwood (1851~1921)

1851	뉴욕주 올버니(Albany)에서 태어남 결혼 전의 이름은 릴리아스 S. 호튼(Lillias Sterling Horton)이었음 시카고여자의과대학(Chicago Woman's Medical College : 지금의 노스 웨스턴대학교 의과대학의 전신)을 졸업
1888	졸업과 함께 1888년에 미국 장로교선교국에 의해 한국에 파견됨
1889	한국에서 활약하던 초기 선교사인 언더우드(Horace G. Underwood : 1859~1916)와 결혼 광혜원(廣惠院)의 의사로 활약 명성황후의 총애를 받아 을미사변이 일어날 때까지 어의(御醫)로 활약하면서 궁중의 많은 이면사를 목격할 수 있었음
1921	한국에서 33년을 보낸 후 타계하여 양화진(楊花津) 외국인 묘지에 묻힘

조선의 인정人情이 산업화를 막는다

•

지도층의 부패와 미국의 배신이
망국을 불러

헐버트, 『대한제국멸망사』

(*The Passing of Korea,*
London : William Heinemann Co., 1906)

책도 인연이 있는가 보다. 1960년 중엽, 춥고 배고프던 대학원생 시절에 나는 한 국회의원의 도움으로 국회도서관 입법조사국에 번역사로 아르바이트 자리를 얻었다. 하는 일은 영어도 모르는 국회의원들을 위해 그가 필요로 하는 외국 자료를 번역하는 일이었다.

그 무렵 대한민국에서 장서가 가장 많다는 국회도서관을 무상으로 출입할 수 있다는 것이 나로서는 돈벌이보다 더 행복했다. 그러던 어느 날, 나는 서가에서 *The Passing of Korea* 라는 영어책을 우연히 발견했다. 서지 설명은 『한국견문기』라고 되어 있었다. 본디 "passing"이라 함은 "역사로부터 이 세상에서 사라졌다"는 뜻이니 국가로 말하면 "멸망"이고, 사람으로 말하면 부고訃告에서 쓰는 "사망"이라는 뜻인데 그렇게 오역되어 있었다.

그 무렵 나는 동학東學을 주제로 박사 학위를 준비하고 있었는데 그 책에는 그 주제의 자료도 많이 들어 있었다. 그래서 그 책을 탐독하다가 아예 번역하기로 마음먹고, 틈틈이 옮기던 차에 탐구당과 인연이 되어 1973년에 『대한제국사 서설』大韓帝國史序說이라는 제목으로 출간하게 되었는데, 이것이 이 전집 23권을 번역하게 된 계기가 되었다.

그렇다고 처음부터 이 전집으로 구상했던 것은 전혀 아니며, 마침 신혼 시절이어서 삶도 궁핍하던 터라 매절(賣切 : 저작권을 포기하고 원고를 넘기는 관행)로 한두 권씩 번역하다가 오늘에 이르렀으니, 돌아보면 50년의 스테디-셀러가 된 인연치고는 참으로 우연이었다.

한 민족이 멸망해 가는 이면에는 많은 애련哀憐, pathos과 곡절이 따른다. 조선을 병합하려는 일본의 야욕이 가시화되기 시작한 1905년

장죽을 물고 장기를 두는 마을 노인들을 젊은이가 물끄러미 바라보고 있다.
헐버트는 이 사진의 제목을 "흥미 있는 체스 문제"라고 하였다.

10월, 사태의 심각성을 인지한 고종高宗은 근신을 모아 대책을 논의하지만, 경륜과 용기의 면에서 앞장서 주는 사람이 없었다.

망연자실하던 터에 고종 머리에는 평소 믿고 자문을 받던 헐버트 목사가 떠오른다. 왕은 헐버트를 불러 밀지密旨를 내리면서 미국으로 건너가 루즈벨트T. Roosevelt 대통령과 정부 요인들에게 조선의 자주와 독립을 호소해 달라고 부탁한다.

헐버트는 즉시 워싱턴으로 출발하여 당대 최고의 논객이며 정치적 영향력이 막강하던 케난George Kennan, Elder을 만나 조선의 자주와 독립을 호소해 보기도 하고 지인을 통해 루즈벨트 대통령에게 고종의 친서를 전달했지만, 미국의 태도는 매정하리만큼 냉담했다. 당시 미국의 지도자들은 한국에 대한 악의적인 비방에 익숙해 있었고, 국익

관계도 미미한 조선을 도움으로써 일본과의 밀월이 깨어지는 것을 원치 않음을 분명히 했다.

안쓰러운 노력도 보람 없이 헐버트가 한국에 돌아왔을 때는 이미 을사보호조약이 체결되고 조선의 운명은 일본의 속방으로 향해 치닫고 있었다. 이제 헐버트는 글을 통해서 조선에 대한 온갖 그릇된 비방을 변호하고 조선의 독립을 세계의 여론에 호소해 보리라고 결심하고 그동안 미뤄왔던 한국의 역사와 문화를 서둘러 탈고하여 1906년에 출판하게 되었는데, 그 책이 바로 여기에서 소개하고자 하는 『대한제국멸망사』(*The Passing of Korea*, 1906)이다.

역사로 보면 서양의 구약시대에 이미 개국했으며, 비록 중국처럼 장사에 능숙하지도 못하고 일본처럼 전쟁을 잘하지도 못하지만, 선량하고 문화유산이 그 어느 나라에 비해 뒤떨어지지 않는 이 동방의 아일랜드가 왜 역사로부터 사라져야passing 하는가, 그것이 이 책을 관통하고 있는 하나의 화두話頭이다.

20년 가까이 한국에 살아온 헐버트의 눈에 비친 한국인의 모습은 서구인들이 흔히 갖고 있던 백색우월주의나 비기독교도에 대한 비난이나 야만시하는 모습을 찾아볼 수 없다. 그 선악을 떠나 자신의 눈에 비친 한국인의 심성을 그는 다음과 같이 나누어 설명하고 있다.

여관이 없는 이상한 나라

우선 한국인은 인정스럽고 친근감이 있다는 점을 헐버트는 지적하고 있다. 그 한 사례로서 그는 한국의 여러 곳을 여행해 보았지만, 그 어

갓 수리공과 다듬잇방망이를 만드는 사람

느 곳에도 쓸 만한 여관이나 호텔이 없는 불편함을 피력하고 있다. 이것은 당시에 한국을 여행한 서구인들의 공통된 불평이었다.

왜 한국에는 여관이 없을까? 그의 설명에 따르면 그것은 전적으로 한국인의 인정人情 때문이라고 한다. 길을 가다가 날이 저물면 아무 집에나 들어가 밥과 잠자리를 요구할 때, 이를 거절하는 법이 없는데 숙박업이 어떻게 발전할 수 있겠느냐고 반문한다.

이러한 인정은 여기에서 머물지 않고 산업 사회로 가는 길목에서 커다란 장애가 되고 있다고 헐버트는 지적한다. 곧 이 인정이 결국은 금전적 낭비의 원인이 되고 있다는 것이다. 이것은 때로는 허세일 수도 있고 낭비일 수도 있으며 노동의 신성함을 저해하는 요소로 작용하고 있다는 것이다.

헐버트는 한국 식객의 파렴치함과 그 수효에 놀라움을 표시하고 있다. 양반이 생산성을 높이는 데 전혀 이바지하지 못하는 결정적인 이유는 그들의 기생寄生하는 속성 때문이 아니라 그것을 용서하는 심정적 요소 때문이며, 이러한 사조는 멀리 볼 때 결코 인정만으로 합리화될 수 없다고 그는 지적하고 있다.

집house은 있어도 가정home은 없어

헐버트의 눈에 비친 한국인의 또 다른 특징은 유교적 가치관에 입각한 가족 또는 씨족 중심의 소집단 이기주의였다. 가족이 살갑게 사는 모습은 아름다울 수 있지만, 한국에는 집house은 있어도 가정home은 없다는 것이다. 그리고 600~700년에 걸친 주자학의 가치관이 가정

"파주댁"이니 "광주댁"으로 불리던 아낙네들이 냇가에 모여 앉아 빨래를 하고 있다.

에서 여인의 존재를 매몰시킨 것이 그 원인이라고 헐버트는 지적하고 있다.

그는 한국 사회에 살면서 한국의 여인들은 고유의 이름을 갖고 있지 않다는 사실을 커다란 놀라움으로 받아들이고 있다. 여인은 어렸을 적에는 "간난이"나 "언년이"처럼 아무렇게나 속된 아명으로 부르다가 남동생이 태어나면 "아무개 누이"로 불리고, 시집을 가면 고향을 따서 "파주댁"이니 "광주댁"으로 불리고, 자식을 낳으면 아무개 엄마로 불리면서 일생을 사는 동안에 여성의 존엄성이나 정체성은 존재할 수 없었다고 그는 말한다. 여인이 울며 살아야 하는 사회가 얼마나 처절한가를 그는 연민의 눈으로 바라보고 있다.

끝으로 그는 한국 사회가 지나치게 보수적인 것을 우려했다. 그리고 그 원인은 문명의 이입이 오직 중국을 통해서만 일방통행적으로 들어왔기 때문인데, 그것이 중화사상으로 결정화結晶化되면서 창의성이 억압되었음을 개탄하고 있다.

이러한 중화사상이 가장 절실하게 나타난 것이 한자 중심의 문화였다. 과거科擧를 한자로 보아야 하고 비실용적 고전이 관리 등용의 첩경이 됨으로써 문명의 진보에 대처하지 못했다는 것이다. 이러한 지적을 하는 가운데 그가 가장 안타깝게 생각하는 것은 "세계에서 가장 독창적이고 과학적인 한글"이 지식인들로부터 외면당하고 하천한 계급이나 정규 교육의 기회를 박탈당한 여인들의 문자로 전락했다는 사실이었다.

이러한 민족성을 가진 한국이 왜 끝내 일본의 보호국이 되고 언젠가는 합병될 수밖에 없는 운명에 빠지게 되었을까? 그리고 그러한 비극을 극복하는 방안은 무엇일까? 그는 대한제국 멸망의 원인을 다음과 같이 설명하고 있다.

먼저 지적되어야 할 점은 지배 계급의 부패였다. 헐버트는 한국의 멸망이 일차적으로는 내재적 모순이라고 지적하고 있다. 그는 관찰사가 5만 달러에 팔리고 현감이 5백 달러에 거래되는 현장을 바라보면서 이 나라의 장래는 결국 패망으로 가는 것이 아닐까 생각하게 되었다. 그러나 정작 민생을 괴롭히는 것은 이러한 매관의 연쇄 현상으로 나타나는 아전의 횡포였다. 이것은 결국 민심의 이반離反으로 연결된다는 것이 그의 전망이었다.

이러한 상황에서 사태를 더욱 악화시킨 것은 왕실과 그 주변의 지배 계급이 문명 진보에 적극적으로 대처하지 못함으로써 메이지유신明治維新 이후 미완성된 자본주의의 모순을 타개하고자 정한론征韓論

그네

동네 어귀의 큰 나무에 긴 그네를 매고 남자아이들이
3층으로 올라서 있다. 그네가 뛰어질는지…

으로 무장한 일본의 대륙론자들의 적수가 될 수 없었다는 것이다.

메이지유신 이후 착검着劍과 특권이 박탈된 사무라이들이 그들의 살길을 찾아 서구의 문물과 관료 제도를 받아들이고 있을 때 조선의 지배 계급은 사태의 심각성을 깨닫지 못한 채 주자학의 중화사상에 안주하면서 세계의 대세를 읽지 못했다. 대원군의 쇄국鎖國이 당시로서 일말의 변명의 여지가 없는 것은 아니지만 그는 좀 더 유연하게 서세동점에 대처하면서 자신의 정책을 변용變容했어야 함에도 불구하고 그 기회를 놓치고 말았다.

물론 당시에 이러한 보수파에 대항한 개화파가 있었지만, 그들은 일을 너무 조급하게 서둘렀다. 그들은 지금이 아니면 아무것도 이룰 수 없다now or nothing는 조급함에 사로잡혀 있는 분별없는 젊은이들 ill-advised youngmen이었다. 그들의 진심이 아무리 순수한 것이었고 우국적이었다고 하더라도 김홍집金弘集과 어윤중魚允中이 저잣거리에서 돌멩이에 맞아 죽는 것을 바라보면서 헐버트는 그들이 난세에 살아남는 지혜를 갖추지 못했음을 안타까워했다. 그럴 뿐만 아니라 그들의 본심과는 달리 그들이 친일적 성향을 보인 것은 그들의 경륜이 익지 못했음을 의미하며 이러한 민중적 정서는 일차적으로 그들이 책임져야 할 문제라고 헐버트는 생각했다.

미국은 대한제국 멸망의 묵시적 방조자

그러나 이와 같은 모든 내재적 모순을 고려한다고 하더라도 대한제국이 멸망한 이면에 도사리고 있는 외재적 요인, 곧 미국의 무신無信

을 결코 간과해서는 안 된다는 것이 헐버트의 입장이었다. 그의 주장에 따르면, 미국은 한국과 국교를 맺은 최초의 서방 국가이며 그 조약에서 미국은 한국의 안전과 이익을 존중하겠노라고 약속했다. 한국은 자신의 독립이 유린될 때에는 이를 막아 줄 수 있는 국가로 다른 어느 나라보다도 미국에 구원을 요청할 권리를 갖는다는 말을 수없이 되풀이했다.

그러나 한국민에게 환난이 닥쳐오고 그토록 되풀이하던 공언이 순수한 것이었음을 입증했어야 할 무렵에 미국은 그토록 약삭빠르게, 그토록 차갑게, 그토록 심한 멸시의 눈초리로 한국민의 가슴을 할퀴어 놓음으로써 한국에 살고 있는 점잖은 미국 시민들을 분노하도록 만들었다.

기울어 가는 조국을 건질 길이 없게 되자 충성심이 강하고 지적이며 애국적인 한국인들이 스스로 목숨을 끊는 동안 한국 주차 미국 공사 몰간E. V. Morgan은 일본 공사관에서 이 흉행兇行의 장본인들에게 샴페인을 따르면서 축배를 들고 있었다. 이 책임을 물어야 한다.

그렇다면, 이제 망국의 낙조가 비치는 대한제국의 지도자와 국민은 어떻게 해야 하는가? 그는 "자기 민족이 자신을 정복한 민족과 대등하게 될 때까지 자기 민족의 교육에 전념해야 하며, 순수한 인간성을 무기로 하여 일본인들이 한국에 대하여 느끼고 있는 멸시를 상쇄할 수 있는 능력을 갖추도록 노력해야 한다"는 충고로 글을 끝맺고 있다. 그때나 지금이나 교육이 국가 흥망의 열쇠이며 민족의 자존自尊을 회복하는 것이 지도자의 책무라는 것은 변함없는 교훈으로 남아 있다.

후기後記

이 번역판이 출판된 지 26년이 흐른 어느 날 한 신사가 찾아왔다. 한국 금융업계에서는 성공한 기업인으로 알려진 체이스 맨해튼/J. P. 모건 Co.의 한국지사장인 김동진金東珍 선생이었다. 그는 학부 시절에 내 강의를 들었다면서, 이왕에 『대한제국멸망사』도 출판되었으니, 헐버트 목사의 추모 사업을 하자는 것이었다.

나야 백면서생으로 능력도 없지만, 금융계에 인맥이 넓은 그의 활동으로 1999년에 "독립운동가 헐버트 박사 기념사업회"가 결성되고 내가 번역자라는 인연으로 초대 회장이 되고 그가 부회장을 맡았다. 우리는 사업회의 첫 사업으로 그의 묘비 완성 작업을 서둘렀다. 애초에 그가 별세했을 때 최초의 사회장을 치르면서 비석을 세웠으나 한국전쟁의 발발로 말미암아 비문을 쓰기로 약속한 이승만李承晩 대통령이 약속을 지키지 못하여 비문 없는 비석으로 남아 있었다.

이에 우리는 김대중金大中 대통령의 글씨를 받아 비문을 채우는 동시에, 따로 추모비를 세웠는데, 그때 나는 다음과 같은 비명碑銘을 써 헌정함으로써 작으나마 그가 한국을 위해 바친 업적에 보답했다.

한국인보다 한국을 더 사랑했고
자신의 조국보다 한국을 위해 헌신했던
빅토리아풍의 신사
헐버트Homer B. Hulbert 박사 이곳에 잠들다.

Here Lies

Dr. Homer B. Hulbert, A Victorian Gentleman

Who Loved Korea More Than Koreans Did Themselves

and

Contributed to Korea More Than He Did to His Own Country.

헐버트 박사의 묘비(김대중 대통령 씀)

필자소개

헐버트

Homer B. Hulbert, 紇法, 轄甫 (1863~1949)

1863. 1. 26.	미국의 버몬트(Vermont)에서 목사의 아들로 태어남
1884	다트머스(Dartmouth)대학에서 히브리어를 수학한 다음 유니온(Union)신학교에 입학
1886. 7.	고종의 뜻에 따라 설립한 육영공원(育英公院)의 교사로 초빙되어 내한
1891. 12.	육영공원의 교사직을 사임하고 귀국
1893. 9.	재차 입국. 『코리아 리뷰』(*The Korea Review*)의 편집을 주관
1905. 10.~11.	고종의 밀서를 가지고 미국의 정부 요인들과 접촉하면서 한국에 대한 일본의 정책에 미국이 개입하여 줄 것을 요청
1906	『대한제국멸망사』를 출판
1907. 7.	헤이그(The Hague) 만국평화회의에 이준(李儁), 이위종(李瑋鍾), 이상설(李相卨)과 함께 참석. 한국으로의 입국이 거부되어 미국으로 돌아감
1949. 7. 29.	이승만 박사의 초청으로 내한, 1주일 만에 여독으로 별세, 사회장 "웨스트민스터 사원보다는 한국의 땅에 묻히고 싶다"던 그의 유언에 따라 마포의 양화진(楊花津) 외국인 묘지에 안장
1950	건국공로훈장 추서(독립장)

조선은
우상의 나라가
아니다

●

순교가 미덕이라는
위험한 사고를 경계

알렌, 『조선견문기』
(*Things Korean,*
New York : Fleming H. Revell Co., 1908)

1850년대의 미국의 황금 질주Gold Rush와 1865년에 남북전쟁이 끝나자 서부에는 또다시 무료함이 찾아 들었다. 태평양 연안에 몰려든 서부의 개척자들frontiers은 바다 너머의 미지에 대한 욕망에 사로잡혀 다시 서쪽으로의 항진을 시작했다. 그들 가운데 대부분은 일확천금을 노리는 모험가들이었고, 그 다음으로는 목사와 의사, 그리고 정부의 명령을 받은 아세아 함대 사령부 소속의 해군 사관과 수병들이었다. 그들의 직업은 각기 달랐지만, 모험심이라는 면에서는 공통된 특징을 가지고 있었다.

서부 개척 시대의 종착역, 한국

한국이 서구에 문호를 개방한 초창기인 1880년대 초에 남보다 먼저 이 땅에 온 사람으로 블랭크 선장Captain Blank이라는 인물이 있었다. 미국의 뉴 베드포드New Bedford에서 선장 노릇을 한 적이 있으므로 흔히 그를 선장이라고 불렀지만, 그는 실상 부랑자와 같은 인물이었고 그의 이름만큼이나 부황浮黃, Blank한 인물이었다. 그는 무슨 생각을 했는지 동부 시베리아에 정착하여 중국 여인을 아내로 맞아 자식도 낳고 자기가 좋아하는 사냥을 즐기면서 행복하게 살고 있었다.

그러던 어느 날 그가 일본으로의 출장을 마치고 집에 돌아와 보니 아내와 어린 자식들은 무참하게 살해되었고 집안은 온통 쑥밭이 되어 있었다. 이웃 사람들의 말에 따르면 중국의 마적들이 그의 가족을 살해하고 재산을 약탈해 갔다는 것이었다. 그는 블라디보스토크의 시장을 찾아가 범인의 체포를 요구했지만 아무런 조치가 없었다.

며칠을 상심하던 그는 가산을 정리하여 최신형 기관총 몇 자루와 야영 장비를 구입한 다음 그곳에서 직업도 없이 떠돌던 건달 4명을 이끌고 광야로 사라졌다. 그가 광야로 떠난 후 동부 시베리아와 동만주 일대에는 수없이 많은 중국인 마적들이 처참한 시체로 발견되기 시작했다. 기록된 피살자만도 수백 명이 넘었다.

북경 정부는 즉시 블라디보스토크 시장에게 이 사실을 통보했고 마음에 짐작되는 바가 있는 시장은 블랭크 선장을 불러 이곳을 떠날 것을 정중하게 요구했다. 다음날 그는 일본으로 떠나는 배를 탔다. 그러나 그는 일본에 머물지 않고 곧 조선에 입국하여 일거리를 찾고 있었다. 검붉은 수염에 장대한 체구를 지닌 이 서양 사나이는 그의 모습을 보여 주는 것만으로도 조선에서 넉넉한 수입을 받으며 부족함 없이 살 수 있었다.

그러던 터에 블랭크에게 뜻밖의 일이 벌어졌다. 그가 여관에 들러 저녁을 먹고 양치질을 하기 위해 의치義齒를 빼어 닦은 것이 사건의 발단이었다. 자기 몸의 일부를 떼어냈다가 다시 조립할 수 있다는 사실을 목격한 조선 사람들은 혼비백산하여 넘어졌다. 정신을 차린 조선 사람들은 그 기이한 요술(?)을 다시 보여 달라고 부탁했고, 블랭크 선장은 이 공연을 통하여 적지 않은 수입을 올려 고향으로 돌아갔다.

이러한 모험가들의 뒤를 이어 조선에 입국한 무리가 선교사와 의사들이었다. 빠르면 2주, 풍랑이라도 만나는 날이면 4주가 걸리는 배를 타고 태평양을 횡단하여 조선에 들어 온 이들은 성서적으로 말하자면 착한 사마리아인이었지만 동시에 제국주의의 촉수觸手라는 두 얼굴을 가진 인물들이었다. 이들 가운데에서도 특히 의사들이 이 땅에서 겪은 일화들은 포복 졸도할 얘기들이어서 이들의 견문기는 서양 사회의 흥미 있는 얘깃거리가 되었는데 여기에 소개하는 알렌의 『조선견문기』(1908)가 그 대표적인 경우이다.

목사임을 내색하지 않은 목사

목사이자 의사인 알렌은 본시 중국에서 의료 선교를 하고 싶어 동방에 발을 들여놓았다. 그러나 그는 남들이 흔히 하는 중국에서의 삶보다는 더 미지의 세계에 가보고 싶은 심정에서 1년의 중국 생활을 청산하고 조선에 입국하게 된다. 대부분의 인생살이가 다 그렇듯이 때로는 운명에 따라 개인은 말할 나위도 없고 한 국가의 역사도 엉뚱한 방향으로 빠지게 된다. 알렌이 입국한 직후에 조선에서는 갑신정변甲申政變이라는 끔찍한 살육이 벌어지게 된다.

조선의 조급한 개명을 꿈꾸던 개화파로서는 당초 자신들과 운명을 함께 하기로 했다가 이제는 수구파의 핵심 세력이 된 민영익閔泳翊을 제거하는 것이 급선무였다. 명성황후明成皇后의 친정 조카인 그는 당시 개화파의 최대의 정적이었다.

결국 우정국郵政局 낙성식에 초대되었던 민영익은 개화파의 자객들로부터 일곱 군데의 칼을 맞고 사경을 헤매게 되자 왕실에서는 말로만 듣던 서양 의사에게 그 치료를 부탁했다. 민영익의 수술에 성공한 알렌은 즉시 당시의 국립 의료원인 광혜원廣惠院의 의사 겸 고종의 어의御醫가 되는 행운을 잡게 된다.

이 무렵에 미국 주차 조선 공사 박정양朴定陽이 워싱턴으로 부임하

최초의 주미 전권 공사(워싱턴, 1887년 촬영)
앞줄의 가운데가 박정양 공사, 맨 오른쪽이 이상재 서기관.
알렌은 고문 자격으로 이들을 수행한다.

게 되자 알렌은 고문顧問의 자격으로 이들을 수행하게 된다. 커다란 통영갓에 긴 도포를 입은 박정양 일행이 워싱턴에 나타났을 때 구경꾼들이 줄을 이었다. 아마도 그들은 서울 거리에 나타난 부시맨 Bushman을 보는 심정이었을 것이다.

그들 일행이 국무성으로 들어가려고 엘리베이터를 탔을 때는 지진이 일어났다고 소동을 피우는 바람에 알렌은 애를 먹었으며, 1층에 숙소를 잡아 줄 수밖에 없었다. 그날 밤 국무장관이 박정양의 일행을 위해 만찬을 베풀어주었는데, 그때 참석한 미국 외교관 부인들의 야한 복식을 본 사신 일행은 기생들이 접대하러 나온 줄로 착각하고 큰 실례를 저질렀다. 미국 대통령 아더C. A. Arthur를 만나 신임장을 제정

조선 주차 각국 외교관들. 우측에서 네 번째가 알렌임.
청국 외교관만 의자에 앉아 있는 것이
당시 한국에 대한 청국의 위세를 잘 보여 주고 있다.

할 때는 큰 절 3배拜를 올리는 바람에 또 소동이 일어났다.

서양 사람들은 오랑캐요, 아이를 잡아먹는다는 소문이 파다하여 외국인들이 살기가 불편하던 차에 알렌 박사의 의술은 서양인에 대한 한국인의 인식을 바꿔 놓는 데 결정적인 역할을 했다. 의료 수가酬價라고 해야 달걀 몇 줄에 배추 몇 포기를 들고 오는 것이 고작이었지만 알렌은 모든 고생을 보람으로 알고 감내했다.

특히 왕실의 어의가 되었다는 것이 알렌으로서는 개인적인 영광일 뿐만 아니라 미국의 국가 이익을 추구하고 그의 본래의 의도였던 기독교 정신을 포교하는 데 큰 힘이 되었다. 그는 고종의 병을 치료하고자 오밤중에 불려가는 일이 허다했지만 괴로워하지 않았다.

아더 대통령에게 신임장을 제정함

그런데 문제는 엉뚱한 곳에 있었다. 그것은 다름이 아니라 명성황후明成皇后의 병을 다스리는 일이었다. 왕실에서는 단호하게 사진絲診 또는 紗診을 요구했다. 진맥은 그렇다 하더라도 입안을 들여다보아야 할 경우라든가 왕비의 몸 어느 부위를 살펴야 할 때 더욱 난감했다. 국부 진찰은 아예 단념할 수밖에 없었다. 그뿐만 아니라 주사가 늘 말썽을 일으켰다. 지존한 몸에는 금이나 은 이외의 쇠붙이를 댈 수 없으므로 금이나 은으로 만든 주삿바늘을 요구할 때면 알렌은 더욱 막막할 수밖에 없었다.

현대 의학의 창시자로서의 어려움

약품 보급과 투약의 어려움도 마찬가지였다. 요오드포름이 부족할 때는 멸균한 찰흙을 환부에 발라 화농을 빨아낼 수밖에 없었고, 약효가 빠르기를 바라는 마음에서 3회분의 약을 한꺼번에 먹어 부작용을 일으키는 경우는 허다했다. 모든 병을 고친다는 소문이 나자 "죽은" 시계와 고장난 자전거를 몰고 와 고쳐 달라는 경우에는 아연실색할 수밖에 없었다고 알렌은 회상하고 있다.

그럴 뿐만 아니라 병이 생기면 미신에 대한 경도가 심하고 때로는

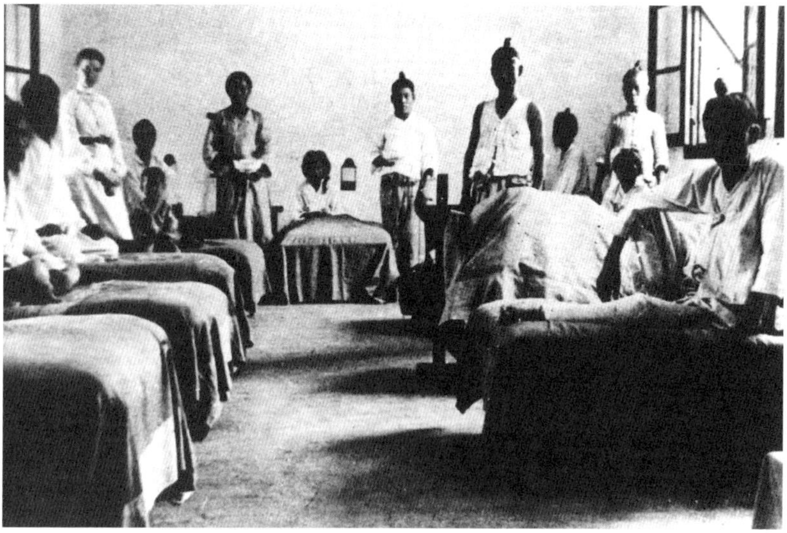

성 누가병원의 병실로 예수교는 포교에
교육 · 의료를 아울러 실시함으로써 인심을 모았다.

비과학적인 민간요법, 이를테면 상처가 나면 개고기 찜질을 하는 것도 증상을 악화시키기 일쑤였으며, 인삼에 대한 지나친 의존도 치료를 어렵게 만들었다.

알렌의 또 다른 체험으로서는 기독교 선교사로서의 고충이었다. 본시 감리교계 목사였던 그는 포교를 표면적으로 내세운 적이 전혀 없었다는 점에서 대단한 인내심을 가진 인물이었다. 그는 여느 백색 우월주의자들처럼 한국의 무속을 야만시하지도 않았으며 될 수 있는 대로 그것을 이해하려고 노력했다.

알렌은 오히려 조선에서의 기독교 포교는 선교사들에게 더 많은 문제가 있다고 생각했다. 예컨대 어느 선교사가 우상을 믿는 국왕을 회개시켜야 한다고 법석을 피우다가 추방당하는 모습을 보면서 기독교의 근본주의적 경직성을 개탄하고 있으며, 우상 파괴라는 이름으로 전통문화를 비난하는 선교사들의 지각없는 처사를 우려했다.

그의 판단에 따르면 정치적 억압이 극심한 이 땅은 복음을 전파하기에 매우 적합한 곳이라는 것이었다. 그러나 어려움이 한둘이 아니었다. 천주교를 이미 경험한 이 나라에서는 교도나 성직자를 가리지 않고 순교가 미덕이라는 위험한 생각에 빠져 있다고 그는 경고하고 있다.

또 한 가지 그의 눈에 신기하게 느껴지는 현상은 똑같은 기독교인데 왜 침례교가 한국에서는 정착하지 못하고 일본으로 건너가서는 성공하느냐의 문제였는데, 그 의문에 대한 해답은 엉뚱하리만큼 간단한 곳에 있었다. 곧 그의 관찰에 따르면 한국인은 목욕을 싫어하기 때문에 침례교가 뿌리를 내릴 수 없었고 목욕 문화가 발달한 일본에서는 성공할 수 있었다고 그는 지적하고 있다.

칵테일 석 잔을 부탁했더니 닭 꽁지 세 개를 뽑아와

어느 사회나 마찬가지이겠지만 이국 생활에서 가장 어려움은 역시 언어였다고 알렌은 회상하고 있다. 한국어의 그 수많은 어미변화의 불규칙성은 모든 외국인의 공통된 하소연이다. 의사 전달의 오해는 어느 곳에서나 있기 마련이다. 예컨대, 어느 날 손님이 찾아와 하인에게 "칵테일 석 잔만 …."Please, three cocktails!이라고 부탁했더니 한 시간 만에 닭의 꼬리cock-tail 세 개를 뽑아 가지고 온 적도 있었다.

그는 한국의 전기 개설에 깊이 개입했는데, 어느 날인가는 사람들이 기중기 밑에서 작업을 하면서 기계를 계속 올리라는 뜻으로 “Come on!” 하고 소리쳤더니, “그만!”으로 알아듣고 기계 작동을 중지하는 바람에 밑에서 작업 중이던 기사들이 모두 압사할 뻔했던 악몽을 기록하고 있다.

알렌의 『조선견문기』에서 개화기의 웃지 못할 수많은 일화에 못지않게 중요한 부분은 그가 조선 주차 공사로 활약하던 당시의 정치 활동에 대한 평가이다. 유감스럽게도 그는 공사 재직 중에 망국이 눈앞에 어른거리는 조선의 운명보다는 지나치리만큼 미국의 국익에 집착했다. 외교관이라는 신분에서 본다면 어쩌면 이것은 큰 흉이 아닐 수도 있다.

그러나 그의 본직이 목사요 의사였다는 점에서 조선에 도움을 주려고 온 사람의 행실로서는 잘했다고 할 수 없다. 그의 이와 같은 생각은 결국 을사보호조약을 운명적인 것으로 생각하도록 만들었고, 이것이 대한제국의 멸망에 대한 미국의 무신無信과 무관하지 않았다는 점에서 그는 비난을 면할 길이 없다.

역사가들이 그에 대해 더욱 섭섭하게 생각하는 것은 이 책을 쓸 당시인 1908년의 상황에서 이미 30년 후에 일어날 일본의 만주 침략을 예언할 만큼 국제적 · 역사적 안목을 가지고 있었던 그가 왜 한국의 망국을 막는 쪽으로 생각을 하지 않았을까 하는 점이다.

알렌

Horace Newton Allen (1858~1932)

1858. 4. 23.	미국 오하이오주 델러웨어에서 출생
1881	웨슬리언대학 신학과 졸업
1883	마이애미 의과대학 졸업
1883	중국 상해(上海)로 건너가 병원을 개업
1884. 7. 20.	조선에 입국
1884	갑신정변을 계기로 광혜원(廣惠院)의 의사 겸 고종의 어의(御醫)가 됨
1886	국립의학교 창설
1887	주한 미국 전권 공사 박정양(朴定陽)의 고문이 되어 미국에 동행함
1890~1894	주한 미국 공사관의 서기관이 됨 그 뒤 공사(1897), 총영사(1898), 전권 공사(1901)를 역임함
1892	『코리언 리포지터리』(*Korean Repository*)를 발간
1900	영국 왕립아시아학회의 한국 지부를 결성함
1905	을사조약이 체결됨과 더불어 조선의 외교권이 박탈되자 귀국 고향에서 조선 관계의 저술과 인술로 여생을 보냄
1932. 12. 11.	타계함 『조선의 설화』(*Korean Tales,* 1889)와 『조선 : 현실과 이상』(*Korea : Fact and Fancy,* 1904)을 씀

조선의 지배층에게 망국의 책임을 묻는다

●

영국 『데일리 메일』 기자가 본
망국의 전야

매켄지, 『대한제국의 비극』

(*The Tragedy of Korea,* New York : E. P. Dutton & Co., 1908)

『한국의 독립운동』

(*Korea's Fight for Freedom,* London : Fleming H. Revell Co., 1920)

우리의 진심이야 어떻든 간에 우리는 조국을 위해서 죽을 수 있다는 말을 거침없이 한다. 그런데 한국의 현대사, 특히 악연惡緣의 한일관계사를 돌아보면 그 말이 얼마나 허구인가를 알 수 있다. 왜냐하면 우리는 남들이 한국을 사랑한 것만큼도 우리의 조국을 사랑하지 않은 점도 있고, 또 역설적으로는 자기의 조국보다도 한국을 더 사랑했던 이방인도 있기 때문이다. 이번에 소개하고자 하는 매켄지가 바로 그러한 사람 가운데 하나이다.

런던 『데일리 메일』지의 민완 기자였던 매켄지는 본사로부터 러일전쟁을 취재하라는 지시를 받고 한국에 왔으나 그는 전쟁의 종군보다는 무너져 가는 한 유서 깊은 국가인 한국에 대하여 깊은 연민에 빠지게 된다. 그는 결국 자기 본연의 업무를 버리고, 왜 한국은 멸망해 가고 있는가, 이토록 순박하고 선량한 국가가 제국주의의 먹이가 되어야 하는 이유가 어디에 있을까를 고민하면서 취재하였다.

그 결과를 한 권의 책으로 낸 것이 바로 이 『대한제국의 비극』(1908)이다. 이 책에서 그는 개항에서부터 을미사변, 아관파천, 을사조약과 정미7조약의 체결에 이르는 격동의 40년을 다루고 있다.

영국 상·하 의원들의 필독서

한국에 대한 그의 관심과 연민은 여기에 그치지 않는다. 1919년에 한국에서 독립운동이 일어나자 재차 한국을 찾아온 그는 일본의 만행을 세계에 알리는 것이 자기의 책무라고 생각하고 자신이 목격하고 면담한 기록들을 엮어 다시 한 권의 책을 쓰는데 이것이 곧 『한국의

일본군에게 10세 된 딸이 학살당해 울부짖는 어머니
매켄지 촬영

독립운동』(1919)이다.

이 책에서 필자는 한일합병과 105인 사건의 참상, 그리고 3·1운동의 진상을 세계에 알리고 한국의 장래는 어디로 가고 있으며 일본과 한국은 각기 어떤 길로 가는 것이 정도正道인가를 충고하고 있다. 당시 영국의 상·하원에서 영국의 대일 정책을 논의할 때면, “당신은 『대한제국의 비극』이라는 책을 읽어 본 적도 없습니까?”라는 말이 유행했을 정도였다고 하니까 이 책의 영향력을 짐작할 수가 있다.

위의 책 두 권이 모두 한국의 멸망을 주제로 하고 있기는 하지만 그 둘이 함축하고 있는 메시지는 조금 다르다. 곧 멸망 전야인 1908년에 쓴 『대한제국의 비극』에는 주로 일본인들을 향하여 그들의 도덕성에 호소함으로써 조선의 멸망을 막아보려는 의지가 담겨 있다. 이런 점에서 그는 조선의 실수를 지적하면서도 한편으로는 일본인이 이 책의 독자가 되기를 바라는 뜻을 담고 있다.

그러나 이미 조선이 멸망하고 데라우치 마사다케寺內正毅의 철권 통치 아래에서 신음하면서도 3·1운동을 일으키는 모습을 바라보며 쓴 두 번째의 책 『한국의 독립운동』은 세계를 향하여 조선의 독립을 도와달라고 호소하고 있다는 점에서 첫 번째의 책과 다소 다르다. 그러면서도 이 책을 통하여 일관되게 그가 주장하는 논지는 약소국의 멸망을 일차적으로 당사국, 특히 당시의 지배 계급의 책임일 수밖에 없지 않으냐는 각성의 의미를 담고 있다.

한일관계사를 연구하는 기존 역사학의 가장 큰 맹점의 하나는 아마도 스스로에게 망국亡國의 책임을 묻지 않는 비겁함이었을 것이다. 우리는 우리에게는 잘못이 없고 일본은 나쁜 나라라는 식으로 일본

의병 : 어린 소년의 모습이 안쓰럽다.
매켄지 촬영

을 정죄定罪하는 데 현대 한일관계사 연구에 대부분의 노력을 기울였다. 이런 식의 "탓의 역사학"에 안주하는 한 그러한 비극은 되풀이될 수도 있다는 점에서 이는 대단히 위험한 사고가 아닐 수 없다. 매켄지의 글은 일본의 비인도주의를 규탄하는 일을 결코 소홀히 하지 않으면서도 먼저 이 망국의 책임을 묻는 데에서부터 그의 글은 시작하고 있다.

매켄지의 망국 논리는 단적으로 지배 계급의 부패와 무능이지 결코 일본만을 탓할 일은 아니라는 것이다. 당시와 같은 상황에서 한국의 멸망은 어쩌면 필연이었을는지도 모른다는 것이 그의 기본적인 논지였다. 한국인들이 일본에 대해 가지고 있는 적개심을 이해하지 못하는 바는 아니지만 그러한 논리만으로써는 망국이 설명되지 않는다고 그는 설명한다.

매켄지는 "아마도 이 책은 자기 민족의 고통에 대해 끓어오르는 감정을 가진 한국의 젊은이들에 의해 읽힐 것이다. 나는 그들의 가슴 속에 가득 찰 수밖에 없는 그 응어리를 잘 이해한다. 아마도 내 동포가 그들처럼 취급받았더라면 나도 그들과 꼭 같은 감정을 가졌을 것이다."라고 말한다. 그러나 한국의 독자들은 여기에서 한 걸음 더 나아가 자신을 돌아보라고 충고한다.

"너희가 일본을 아느냐?"

이제 겨우 14~16세가 된 소년 의병들은 몸에 다섯 군데나 총상을 입고도 자기의 조국을 구하겠다는 의지에 충일充溢해 있었다. 그들의 무기란 전근대 사회에서 쓰던 사냥총이었으며 보급은 현지 주민들이 몰래 제공해 주는 열악한 식량뿐이었다. 그들에게는 부상을 치료할 의약품도 없었다. 다만 조국을 건지겠다는 일념에서 맨몸으로 따라다니는 의병들도 있었다.

백성들은 예수를 믿는다는 소문이 나면 혹시나 일본의 만행을 피할 수 있을까 하는 생각에서 교회에 다니지도 않으면서 집 앞대문에 십자가를 그려 넣기도 했고 적십자기를 달아 놓기도 했다. 필자인 매켄지는 의병과 일본군 양쪽으로부터 날아오는 유탄 속에서 그들을 면담하고 그들의 사진을 찍었다.

이러한 상황에서 조선의 지배 계급은 사태를 너무 안일하고도 무력하게 대처했다. 그들에게는 통감 이토 히로부미伊藤博文의 교활함[狡智]을 당할 지혜가 없었고, 조선 총독 데라우치 마사다케의 냉혈함을 당할 용기가 없었고, 하세가와 요시미치長谷川好道 헌병 사령관의 철권에 대항할 무기를 마련해 두지 않았다.

그뿐만 아니라 그들은 국가관이나 가치관이라는 면에서도 일본의 적수가 되지 못했다. 을사조약이 체결되는 순간에도 이 나라를 책임져야 할 위치에 있는 사람들은, 통곡하고 자살하는 비분강개悲憤慷慨는 있어도 총을 들고 조국을 지켜야겠다는 생각은 미처 못하고 있었으며 국가를 구출할 전략도 없었다. 양반들은 국가가 누란累卵의 위기에 빠져 있음에도 불구하고 국가의 운명을 걱정하기에 앞서 족보族譜가 불탄 것을 애통하게 생각하는 모습을 보면서 매켄지는 망연자실할 수밖에 없었다고 고백하고 있다.

매켄지는 결국 한국 사람 자신의 힘으로 독립을 쟁취한다는 것이 현실적으로 희망 없다고 판단하게 되었고 이것을 국제적으로 호소하기로 했다. "이 세상의 어느 국가도 자신의 힘으로 제국주의로부터 독립을 찾을 수 있는 희망은 사라졌다"는 세이뇨보스C. Seignovos의 말처럼, 매켄지의 그러한 판단은 옳은 것이었을는지도 모른다.

그가 세계열강에 던지는 질문은 "너희가 일본을 아느냐?"라는 것이었다. 그러면서 그는 우선 일본의 부도덕을 지탄하고 있다. 의병토벌이라는 명목으로 남편에게 총을 겨눈 채 그 아내를 윤간하고, 어린아이를 살해하고, 한국의 그 순진무구純眞無垢한 백성들을 표적으로 내기 사격을 했다는 일본군의 만행을 들은 그는 이 일은 세계에 알려야겠다고 생각했다.

일본이 다른 나라 같았으면 벌써 멸망했을 실수를 치르고서도 끈질기게 살아남는 저력을 가진 민족이라고 매켄지는 생각했다. 그 저력은 무엇일까? 그것은 군벌 위주의 강고한 애국심과 서양 문물의 신속한 수용, 그리고 지배 계급의 용의주도한 책략이라는 것이다.

왜 일본은 한국에 대하여 이토록 표독스러운가? 그것은 내재적 모순을 밖으로 수출할 수밖에 없었기 때문이라는 것이 매켄지의 판단이었다. 일본은 기본적으로 부존자원이 부족한 나라이다. 더욱이 도서島嶼 민족으로서의 폐쇄 공포증은 늘 공격성을 유발했다. 시대적으로는 미발달된 초기 자본주의의 모순을 국내적으로 해결할 수 없는 상황에까지 이르렀다.

사무라이들로서는 이제 지난날 장검을 차고 거리를 횡행하며 무례한 평민을 아무런 형사 책임도 없이 처단할 수 있었던 특권도 사라졌고 은급恩給을 받고 충성을 맹세할 수 있는 영주도 사라졌다. 지난날 같으면 기모노着物를 입고 무릎을 꿇은 채로 남편을 기다리던 아내는 지금 공장에서 일급日給 몇 펜스의 고한苦汗 노동에 시달리고 있다.

이러한 무사들의 만성적 불만을 일거에 해결할 수 있는 길은 조선을 정벌하는 길밖에 없었기에 일본은 더욱 가혹할 수밖에 없었다. 일본은 이렇게 용의주도하게 조선 병합을 획책하고 있을 때 한국의 지도자들은 무엇을 하고 있었느냐고 매켄지는 묻고 있다.

"30년 이내에 일본은 무서운 전화戰禍를 몰고 올 것이다"

그렇다면 이제 멸망한 한국 민족은 독립을 얻기 위해서 장차 무엇을 어떻게 해야 하는가? 그는 이에 대하여 네 가지 측면에서 권고하고 있다.

1910년대의 큰 칼을 쓰고 줄지어 앉아 있는 죄수들

첫째로, 한국인에 대한 충고인데, 한국인은 낡은 화승총 몇 자루로써 독립이 해결되리라는 희망을 버려야 한다는 것이다. 우선 한국인들은 객관적으로 보기에도 경멸받을 행위를 스스로 멈춤으로써 "당신들은 식민지 지배를 받을 수밖에 없는 열등한 나라"라는 일본의 주장이 거짓임을 입증하는 것이 독립의 첫걸음이라고 그는 말한다.

무속적인 행사에 쓰이는 엄청난 낭비를 국력에로 전환해야 하며, 위정자는 솔선하여 국민이 조국을 사랑하고 조국에 대해 긍지를 느낄 수 있도록 희망의 정치를 펴야 한다는 것이다. 한국인들이 무한한 수탈 앞에서 삶의 의지를 상실한 것이 망국의 원인이라고 그는 지적하고 있다.

둘째로, 그는 세계가 한국의 독립을 도우려면 미국과 영국과 캐나다의 교회가 나서야 한다고 요구하고 있다. 그것은 천황 숭배라는 일본 특유의 군국주의 앞에 동방의 모범적 교회가 탄압받는 것을 용서해서도 안 되며, 인도주의적 차원에서도 이는 용서할 수 없기 때문이다. 지금으로서 서구라파가 할 수 있는 도움은 "우리가 당신 곁에 있다"는 것을 한국인에게 알려 줌으로써 그들에게 독립을 위해 싸울 수 있는 용기를 주는 일이라고 매켄지는 호소하고 있다.

셋째로, 그는 세계열강에게 일본의 팽창을 좌시해서는 안 된다고 경고하고 있다. 왜냐하면 조선 정복에 성공한 일본은 결국 만주에서 전쟁을 일으켜 이를 침탈하게 될 것이고, 여기에서 성공하면 향후 "30년 이내에 일본은 세계에서 가장 참혹한 전쟁의 주역이 될 것"이라고 매켄지는 경고하고 있다. 우리는 매켄지가 이 말을 한 때가 1919년이라는 것을 상기할 필요가 있다.

넷째로, 그는 일본의 조선 정벌은 일본에도 불행한 일이었다고 충고한다. 일본의 내재적 모순은 조선의 침탈로써 극복될 수 있는 성격의 것이 아니라고 그는 지적하고 있다. 오히려 일본이 주변 국가로부터 존경과 사랑을 받도록 노력하는 것이 침략을 통한 소득보다 더 값진 행복을 일본에 안겨 주리라는 말로 그는 이 책을 마치고 있다. 이것이 백 년 전의 충고라고 하기에는 너무도 생생하기에 우리를 더욱 찬탄讚嘆케 한다.

역사는 윤회輪廻하는 것이라는 토인비A. J. Toynbee의 말처럼 1백 년의 시차에도 불구하고 1900년대 초엽과 3·1운동 당시에 비교할 때 지금의 한일관계 상황은 크게 바뀐 것도 없고 나아진 것도 없다. 다시 말하면 그러한 상황 변화에도 불구하고 매켄지가 우리에게 들려주는 교훈은 퇴색하지 않았음을 의미할 수도 있다. 그가 한국인에게 주는 충고는 지금도 유효하다.

필자소개

매켄지

Frederick Arthur McKenzie (1869~1931)

1869	스코틀랜드계의 영국인으로 캐나다의 퀘벡에서 출생, 영국으로 이주
1904~1905	런던의 『데일리 메일』(*Daily Mail*)의 극동 특파원으로 한국을 방문하여 러일전쟁의 종군 기자로 활약함
1906~1907	2차로 한국 방문, 의병 활동을 취재하여 『대한제국의 비극』을 출판함
1919	3차 방문, 3·1운동 취재하여 『한국의 독립운동』을 출판함 캐나다로 이주
1931. 7.	사망
2014	한국 정부로부터 애국지사 독립장을 받음

『미국의 침략자들』(*The American Invaders,* London, 1902), 『아일랜드 반란사』(*The Irish Rebellion,* London, 1916), 『암흑기의 러시아사』(*Russia before Dawn,* London, 1923) 등 주로 강대국에 의해 유린되고 있는 약소국의 운명에 관한 저술을 남김

한글은
가장 과학적이고
쉬운 문자

●

최초의 한영사전을 편찬한
문서 선교의 개척자

게일, 『전환기의 조선』

(*Korea in Transition,*

Cincinnati : Jennings & Graham, 1909)

사회의 행복을 가늠하는 지수指數가 무엇이냐에 관해서는 어떤 합의된 의견이 있는 것이 아니어서 학문의 분야에 따라 각기 다르다. 이를테면, 경제학에서는 1인당 국민 소득을 행복의 척도로 삼는가 하면, 영양학자들은 1인당 육류 단백질의 섭취량이 가장 정확한 척도라고 믿고 있다.

그런가 하면, 화학자들은 국민 1인당 황산 소비량이 문명의 척도요 그것이 곧 행복지수라고 보고 있으며, 문화생활의 수준을 중요시하는 학자들은 1인당 종이 소비량(독서량)이 가장 정확한 행복의 척도라고 주장한다. 그런데 최근의 신학문 풍조로 머리를 들기 시작한 사회학자 중의 여권주의자feminist들은 그 사회 여성의 사회적 만족도가 행복지수라고 주장하고 있다.

위의 여러 가지 주장이 각기 일말의 논거를 가지고 있는 것이어서 어느 하나만으로 인간의 행복을 가늠할 수는 없지만, 여성이 눈물짓는 사회는 결코 행복할 수 없다는 여권주의자들의 주장이 색다르게 들리며, 한국처럼 인격으로나 능력으로나 여성의 존엄성이 유달리 매몰되었던 전통 사회에서는 이 주장에 한 번쯤 귀를 기울여 볼 만하다.

요즘처럼 사회적 가치가 혼돈되어 온갖 빗나간 신앙이 난무하고, 종교적 배타주의는 단군檀君 동상의 목을 잘라내는 시대에 믿음이 오히려 부덕不德하게 보이는 경우가 없는 것은 아니지만 한국의 개화사에서는 기독교의 긍정적 요소를 부인할 수가 없고, 특히 한국 여성사나 여속사女俗史의 면에서 기독교가 끼친 요소를 간과할 수는 없다.

한말에 이 땅에 들어온 선교사들의 눈에는 여성잔혹사가 참으로 기이하게만 보이지 않을 수가 없었고 이를 고치고자 여성 교육을 시행함으로써 한국여성사의 새로운 장을 열기 시작했는데, 그러한 선구자 중의 한 사람이 여기에 소개하는 게일 목사이다.

여성의 행복이 그 나라의 행복지수指數

게일 목사의 눈에는 이해할 수 없는 한국인의 풍습이 한둘이 아니었다. 칠거지악七去之惡에 의한 소박疏薄이나 삼종지의三從之義의 굴레도 이해할 수 없었지만, 여자는 남자가 물린 상에서 밥을 먹어야 하는 참으로 비인격적인 "전"[餕]의 풍습, 지나친 은둔, 남아선호사상, 그리고 상처喪妻한 남편이 슬퍼하는 것은 남자로서 매우 부끄러운 허물이 된다는 것을 도저히 이해할 수가 없었다.

특히 선교사들로서 이해할 수 없는 것은 여자에게만 미덕으로 강요되는 수절守節의 풍습과 그 부작용으로 나타나는 약탈혼掠奪婚(보쌈)의 풍습이었다. 흔히 보쌈이란 1477년(성종 8년)에 제정된 과부개가금지법에 따라서 남편을 잃고 혼자 사는 여인을 보자기로 싸 납치하여 데리고 사는 것을 의미하지만 본래의 보쌈은 남성을 납치하는 것이었다.

예컨대, 어느 세도가의 딸이 혼인날을 받아 놓았는데 점을 본 결과 그가 청상에 과부가 될 팔자라는 점괘가 나왔다고 하자. 이럴 경우에 그 부모는 이웃 마을의 무력한 한 남자를 납치하여 보자기에 싼 채로 혼인날을 받아 놓은 규수와 동침을 시킨 뒤에 그를 살해하여 암매장함으로써 그 규수의 과부 될 팔자를 액땜했는데, 이를 보쌈이라 했다.

여학교

이러한 액땜은 몽골리안계에 공통되게 나타나는 것으로서, 우리와 같은 혈통인 남미의 인디오족에서는 그와 같은 경우에 혼전에 그 규수가 수탉과 동침을 한 후에 그 닭을 잡아먹고 시집을 감으로써 과부가 될 액땜을 하고 있다.

게일이 목사로서 또한 가장 안타깝게 생각했던 것은 부모가 자식과 더불어 동반 자살을 하는 풍습이었다. 이 세상 어디에도 존재하지 않는 이 풍습은 자식을 부모의 소유로 생각하는 그릇된 인식에서 비롯된 것이었다.

예컨대 어느 관리가 대역죄를 저질렀을 경우에 그 자식은 말할 것도 없고 그 부모까지도 함께 자살을 하는 것은 가장 가공할 죄악이라고 게일은 분노하고 있다. 물론 대역죄인의 가족으로서 어차피 죽어야 할 운명이라는 체념 때문인 측면이 없지는 않지만, 그보다 더 중

게일의 선교 여행

요한 것은 "어떻게 사람들 앞에 낯을 들고 사느냐?"는 죄의식이 더 큰 원인이라는 것이 게일의 지적이다. 더 나아가 가난 때문에 부모와 자식이 동반 자살을 하는 것은 인륜으로서 도저히 용납될 수 없는 것이라고 게일은 개탄하고 있다.

이러한 조선의 상황을 보면서 게일은 이곳이야말로 선교를 하기에 가장 좋은 부름 받은 땅이라는 생각을 하게 된다. 그가 보기에 이 나라처럼 슬픔이 너무 많은 사회에서는 선교의 보람도 그만큼 크리라고 생각했다. 그뿐만 아니라 그는 이러한 아픔들을 치유할 수 있는 유일한 길이 복음이라고 확신하게 되었다. 이러한 생각들이 가지는 공통된 위험성은 인종적 편견이나 백인우월주의인데 게일 목사도 그런 경우가 어슴푸레 나타나고 있다.

선교사들의 우월주의는 선교의 어려움이라는 구실로 나타난다. 게일의 말을 빌리면, 한국에서의 어려움은 의자가 아닌 온돌에서 살아야 하는 불편함, 뜨거운 온돌방의 생활, 냄새나는 음식, 외국인을 구경거리로 생각하는 지나친 호기심, 해충으로부터의 무방비, 비위생적 생활에서 오는 질병, 언어의 불통 등을 지적하고 있다.

이러한 불평에는 한민족에 대한 비하가 가시처럼 돋아 있다는 데 문제가 있다. 예컨대 온돌이나 바닥 잠, 또는 냄새나는 김치의 문제는 문화의 차이이지 결코 비난받아야 할 이유가 없으며, 위생이나 해충의 문제에는 서구 문명의 교만이 들어 있다.

그러나 포교의 현장에서 겪는 이러한 현실적 문제보다도 더 중요한 것은 기독교와 한국의 전통문화 사이에 일어난 갈등의 핵심은 조상 숭배의 문제일 것이다. 지금에 와서 가톨릭 측에서는 전통 제례를 인정하고 있고 개신교가 더 이단시하고 있지만, 본래 이 문제를 완고하게 거부한 것은 가톨릭이었다.

마테오 리치Matteo Ricci가 서구의 기독교를 중국에 전달한 1580년대만 해도 이 문제는 거의 쟁점이 되지 않았는데 이는 전적으로 그의 신학적 겸손함과 동양 문화에 대한 깊은 이해 때문이었다. 그러다가 유럽에서 포르투갈이 쇠퇴하고 스페인과 프랑스가 강성해져 동방에서 제국주의적 포교를 하면서부터 비극이 잉태되기 시작했다.

특히 "동방의 조상 숭배는 우상이다"라는 교황 클레멘스 11세Clement XI의 헌법*Ex illa die*(1715)이 발표되고, 그 뒤에 들어온 파리외방전교회가 한국 포교의 주역이 되면서부터 기독교와 전통 제례와의 갈등이 격화되어 병인양요(1866)가 일어나고 박해가 시작되었다. 나

위 : 성서 연구 회원들
아래 : 주일학교 아이들

폴레옹 제국이 유럽을 제패하고 그 힘이 프랑스 선교사들에게까지 실림으로써 파리외방전교회는 더욱 독선으로 흘러갔고, 한국은 그의 가장 아픈 피해자가 되었다.

심지어 황사영黃嗣永과 같이 지각없는 신도들이 이 나라가 예수 믿기에 좋은 나라가 되려면 "프랑스 군사 5~6만 명으로 조선을 정벌해 달라"는 편지를 북경에 보내려다가 발각됨으로써 사태는 더욱 악화하였으며, 베르뇌S. F Berneux와 같은 신부는 "제삿상에 올랐던 음식을 먹는 것도 죄가 된다"는 사목 서한(1864)을 발표함으로써 종교 박해는 걷잡을 수 없이 잔혹하게 되었다. 이러한 문제는 1939년에 교황 비오 12세Pius XII가 동방의 조상 숭배가 우상 숭배가 아니라는 칙서를 발표할 때까지 계속되었다.

여기에서 우리가 되돌아보아야 할 것은 1939년의 칙서가 조상 숭배를 우상이 아니라고 허락했다면, 그 이전에 조상 숭배 문제 때문에 배교했거나 순교한 그 수많은 사람의 죽음의 의미는 어찌 되는가? 누구의 책임인가? 하는 문제이다.

왜 이 문제가 중요하냐 하면 당초에는 가톨릭에서 시작되었으나 이제는 개신교에서 오히려 더 완고하게 강요되는 조상 제례 배척의 문제가 이 나라의 신앙에 많은 혼란과 아픔을 안겨 주고 있기 때문이다.

더구나 초대 교회의 목사들이 한국의 조상 숭배를 하나의 문화로 이해했지, 우상으로 몰고 가지는 않았음에도 불구하고, 지금의 한국 기독교는 이 문제로 너무 많은 댓가를 치르고 있으므로 이 문제는 언제인가 풀어야 할 이 시대 기독교의 문제일 것이다.

조상 숭배는 우상이 아니다

게일 목사는 조선에서 포교하면서 이 문제가 훗날 개신교에 의해서 교조적으로 해석되고 결과적으로 아픔이 되리라는 것을 미처 생각하지 못했던 것 같다. 그는 조상 숭배로 말미암아 빚어지는 엄청난 가계 부담과 이미 그 당시에 묘지의 확산으로 말미암은 산림의 황폐화를 걱정했지, 그것을 우상 숭배로 몰아가지는 않았다.

게일 목사가 보기에 한국인의 조상 숭배는 중요한 가치 개념이요 독특한 문화 유형일 뿐이었지 종교적 죄악은 아니었다. 멀쩡하게 추석秋夕이라고 하는 민속 명절을 두고서도 서양이 정한 날짜에 따라 엄동설한에 철에도 맞지 않게 추수감사절을 지내는 이 시대의 근본주의자들에게 초대 교회의 목회자들이 들려주는 메시지는, 전통이 파괴된다고 해서 믿음이 두터워지는 것은 아니라는 교훈일 것이다.

게일이 한국의 개화사에서 차지하고 있는 또 다른 의미는 그가 한국의 어문학 발전에 이바지한 공로에 있다는 점이다. 그는 한국에서의 선교에 대한 자신감을 가지면서 그 이유로 한글의 우수함에 있다고 설명한다. 선교에서는 언어의 소통이 중요한 도구이지만, 끝내는 문서 선교에서 승패가 결정된다고 그는 생각하고 있다.

그런데 그의 말대로 "세계적으로 가장 과학적이고 쉬운 한글"은 문서 선교의 밝은 장래를 보장해 주고 있다는 것이다. 그래서 그는 개화기의 어려운 여건에도 불구하고 한글 성서 번역에 착수했고, 이 점이 그의 높은 공적으로 치하를 받고 있다.

그의 한글 찬양은 여기에서 그치지 않고 그가 직접 한영사전을 편

원산 감리교회

찬하는 것으로 나타난다. 사전이라는 개념조차 없는 이 땅에서 그는 1897년에 6년의 각고 끝에 8만 8천 어휘를 담은 1,781쪽의 사전을 편찬하기에 이른다.

그는 활자조차 변변치 않은 서울에서 이를 만들 수 없자 일본으로 건너가 이를 인쇄했다. 이 정도의 작업이라면 그로부터 1백 년이 지난 지금으로서도 벅찬 일임이 틀림없다. 이는 아마도 한국의 어문학사에 기록될 최초의 사전이라는 칭찬을 받아 마땅하다.

기독교와 백인우월주의라는 처음의 문제로 돌아가서 다시 생각해 본다면, 그 시초는 파리외방전교회의 인종적 교만에서 비롯된 것이지만 지금은 우리 자신, 특히 우리의 목회자들의 문제로 귀결될 수 있다. 백인들이 우리를 비하할지라도 우리는 자신의 존엄성을 지켰어야 옳았다. 이에 대해서는 맹자孟子의 말씀이 영원한 교훈이 되고 있다. "어떤 사람이 남으로부터 멸시를 받는 것을 보면 반드시 자신이 스스로를 멸시한 연후에 남들이 그를 멸시하는 법이다."人必自侮然後人侮之

필자소개

게일

James Scanth Gale, 奇一 (1863~1937)

1863	캐나다의 온타리오주(州)에서 태어남 아버지는 스코틀랜드계 이주민으로 농장을 경영하는 교회 장로였음 토론토대학에서 신학을 전공하면서 부흥 전도사 무디(Dwight L. Moody)에게 깊은 감명을 받음
1888. 12. 15.	조선에 입국. 해주(海州) 일대에서 선교 활동
1890	『신약성서』를 번역하고 대한기독교서회의 창립 위원이 됨
1892	헤론(J. W. Heron)의 미망인인 해리에트(Harriet)와 결혼하여 원산에 정착함
1897	미국 올버니노회에서 목사 안수를 받음
1900	연못골교회(蓮洞敎會)에서 목회하면서 1901년에 연동(蓮洞)여학교(지금의 정신(貞信)여중교)와 예수교 중학교(지금의 경신(儆新)중고등학교)를 설립
1903	황성기독청년회(YMCA)의 창립 위원이 되어 그 초대 회장에 선출됨
1904	워싱턴의 하워드대학교(Howard University)로부터 신학박사 학위받음

1908	아내를 잃었으며 1910년에는 미국인 루이스(Louis)와 재혼
1928	은퇴. 왕립아시아학회 한국 지부의 간사로 활약
1937. 1. 31.	은퇴 후에는 영국으로 건너가 퍼드(Perth)에서 노년을 보내다가 타계함

저서 : 『조선의 풍물』(*Korean Sketch*), 소설 『선구자』(*The Vanguard*), 『대한영사전』, 『한양지(漢陽誌)』, 『한국결혼고(考)』, 『금강산지(誌)』, 『한국풍속지』, 『파고다공원고(考)』, 『한국근대사』, 『중국문화가 한국에 끼친 공적』, 『예수(耶蘇)의 인격』, 『연경좌담(演經座談)』, 『예수의 재림』, 『누터교그략』, 『류황곽도기』, 『모자성경문답』, 『성경요리문답』, 『와표전』 등이 있고, 『天路歷程』(*The Pilgrim's Progress*), 『사과지남(辭課指南)』 등을 번역함

어린이가 우는
사회는
행복하지 않다

●

뿌리 깊은 남아 선호와
아동 학대의 나라

와그너, 『한국의 아동 생활』
(*Children of Korea,*
London : Oliphants Ltd., 1911)

『한국의 아동 생활』은 그리 크지 않은 작은 책이다. 워싱턴 근교의 고서점에서 이 책을 처음 발견했을 때 나는 우선 한국에 관련된 고서적이어서 샀을 뿐 그 내용을 살펴볼 겨를도 없었다. 다만 한국의 고서로서는 드물게 컬러판으로 실려 있는 민화풍民畵風의 그림들이 나의 눈길을 끌었다. 또 이 책에서 특이한 것은 발행 연도가 없다는 사실이었다.

나는 당시 내가 공부하던 조지타운대학교 로윈저도서관의 귀중본 사서curator를 찾아가 이 책의 발행 연도를 물었더니 1911년이라고 감정해 주었다. 그러나 나는 필자 와그너가 누구인지를 알 수 없었다. 다시 미국의회도서관을 하루 종일 헤맨 끝에 『세계감리교백과사전』(Nashville, 1974)에서 그가 개성開城에 있었던 호수돈여고의 설립자 겸 교장이었다는 사실도 알게 되었다.

귀국하여 번역을 끝마치고 호수돈여고 출신 할머니들을 통하여 그 학교가 한국전쟁 이후에 남한으로 이주하여 대전에 있다는 사실을 확인한 나는 그의 정확한 이력과 사진을 구하고 싶었다. 수소문 끝에 그곳으로 연락하였더니 그곳에서는 마침 교지校誌 100년사를 준비하고 있던 차라 그런 책이 있다는 사실을 무척 반가워했다. 나는 그들을 통하여 와그너 여사의 사진을 구할 수 있었고 그 보답으로 그들이 필요로 하는 부분을 복사해 보내주었다.

한국의 개화사 또는 근대화의 역사를 거론할 때면 등장하는 두 개의 키워드가 있는데, 하나는 미국이고 다른 하나는 기독교이다. 미국이 이 땅에 남긴 흔적들이 모두 긍정적이었다고는 말할 수 없을지라도 부인할 수 없는 하나의 진실이 있는데, 그것은 다름 아니라 이 땅

어머니와 두 딸
와그너의 눈에 비친 한국 여성의 이미지 그대로
세 모녀의 표정에는 그늘이 짙게 드리워 있다.

에 복음과 의료 · 교육을 폄으로써 한국 개화사를 한걸음 발전시킨 착한 사마리아인들이 있었다는 점이다. 여기에 소개하는 『한국의 아동 생활』도 바로 그러한 기록 중의 대표적인 한 편이다.

이 책이 한국개화사를 다룬 글이면서도 다른 글들과 다른 점은 특히 어린이들의 모습에 초점을 맞추고 있다는 점이다. 이 글을 읽노라면 우리는 "울고 있는 아이들은 우리를 슬프게 한다"는 안톤 슈낙 Anton S. Schnack의 『우리를 슬프게 하는 것들』의 첫 구절을 생각하게 된다.

왜 이 땅의 어린이들에게는 울어야 할 일들이 그토록 많았을까? 필자인 와그너가 이 책을 통하여 전달하고자 하는 메시지는 "어린이들이 내게 오도록 내버려 두며, 그것을 금지하지도 말라. 하나님의 나라는 그들의 것과 같기 때문이다"(『마르코복음』 10 : 14-15)라는 복음주의이다.

딸은 아버지와 식사도 함께 못해

비단 와그너뿐만 아니라 당시의 한국에서 활약한 많은 선교사의 눈에 비친 가장 놀라운 현상은 끔찍한 아동 학대였다. 와그너의 관찰에 따르면 한국의 아동 학대는, 다른 나라에서 흔히 볼 수 있는 부모의 주벽酒癖이나 후진국에서 흔히 볼 수 있는 비위생적 양육에서 오는 것이 아니라 가장 비과학적인 사회적 편견에서 온다는 것이다.

예컨대 서구인으로서 참으로 견딜 수 없는 것은 아들 선호에 따른 여아의 학대였다. 한국에서 태어난 딸은 시집갈 때까지 아버지와 함

즐거운 한 가족
초가집과 다산을 대조적으로 묘사하고 있다.

께 같은 밥상에서 식사하면서 인간적인 대화를 할 기회가 없다는 것을 와그너는 도저히 이해할 수 없었다. 이러한 차별은 특히 양갓집에서 심했기에 가난 때문에 어쩔 수 없이 같은 방, 같은 밥상에서 밥을 먹을 수 있었던 하층 계급의 삶이 오히려 인간적이었다는 것이다.

잘사는 양반댁에서는 딸이 아버지의 밥상머리에 앉지는 못하더라도 내당에서 밥을 먹을 수 있었다는 점에서 그나마 덜 비참했지만, 생활은 어렵고 양반의 지체는 있어서 겸상도 못 하고, 그렇다고 해서 독상 받을 형편도 못 되는 중류층에서, 남자가 물린 상을 여자들이 받아먹어야 하는 소위 전[餕]의 풍습은 아마도 역사상 가장 비열한 성차별이었을 것이다.

여아에 대한 차별은 여기에서 그치지 않는다. 여아의 이름은 대체로 비천하게 지으며, 노골적으로 그가 아들이 아님을 의미하기 위해 "섭섭이", "그만이", "말순이"라고 부름으로써 평생토록 그의 가슴에 멍울을 남긴다. 그들에게 교육의 기회가 부여되지 않는다는 것은 당연했으며, 8촌 이내의 남자가 아니면 함께 말도 나눌 수 없을 만큼 철저하게 격리된 삶을 살았다. 초경初經도 치르기 전에 딸을 시집보내는 나라는 아마도 이 세상에서 한국밖에 없을 것이라고 와그너는 한탄하고 있다.

복음주의적이었던 와그너로서 도저히 납득할 수 없었던 또 다른 아동 학대는 불구 자녀에 대한 구박이었다. 불구 자녀에 대한 비인간적인 학대는 그것이 하늘의 저주였다고 믿는 미신과 밀접하게 관계되어 있다는 것이 와그너 여사의 판단이었다.

부모로부터 구타당하고 학대받는 한 척추 장애 여아의 모습은 와그너로서는 잊을 수 없는 충격으로 받아들여지고 있다. 이는 딸을 낳았다는 것 자체가 박복薄福이라는 인식과 상승相昇 효과를 일으켜 여아가 불구일 경우에는 가장 비참할 수밖에 없었다. 그들은 끊임없이 구타를 겪고 유기遺棄되고 있었다.

그렇다면 더 근원적으로 올라가서 한국의 아동이 학대받는 이유는 어디에 있을까? 와그너의 분석에 따르면 그것은 한 가정에서 인격신으로서의 아버지라고 하는 절대 군주에 가려 어머니의 모습이 보이지 않기 때문이라고 한다.

어머니란 아이를 낳는 생산 도구와 일정량의 노동을 제공하는 가사노동자에 불과할 뿐, 한 인격체로서의 존엄성이 망실되었을 때부

어린이들의 놀이

천진난만한 아이들의 표정이 잘 나타나고 있다.

터 그의 소생 또한 아버지의 위엄 앞에 어머니로부터 아무런 보호를 받지 못하는 피학대자로 전락했다는 것이다. 어머니의 사랑은 가슴에만 있는 것이었을 뿐 물리적이지도 않았고 가시적이지도 않았다.

이런 얘기는 우리가 회고하는 조로 말할 수 있는 전근대적 전설만은 아니라는 데에 우리의 아픔이 있다. 역사에서의 백 년은 본질에서 그리 많은 변화를 가져오지 않는다. 소득 3만 달러의 이 대명천지에도 여아 사망률이 남아 사망률보다 높고 여아의 기아율棄兒率이 남아의 기아율보다 높으며, 해외입양률에서도 같은 현상을 보인다는 점에서 볼 때 기아가 단순히 가난 때문만은 아니었다.

역사가 흐를 만큼 흐른 지금까지도 세계 최고의 유아수출국이라는 오명에 벗어나지 못한다는 점에서 볼 때 와그너의 분석과 안쓰러움은 결코 지나간 얘기가 아니다.

태어난 지 이틀 만에 두 살

한국의 아동 생활 가운데에서 와그너가 신기하게 생각하고 있는 또 다른 사실은 아이들의 나이를 헤아리는 방법이다. 우리에게는 익숙하게 되어 있어 실감하지 못하지만 섣달그믐에 태어난 아기가 하룻밤 자고 나서 해가 바뀌면 두 살배기가 된다는 것을 와그너는 이해할 수 없었다. 그는 한국인들의 이와 같은 비과학적 수리 개념이 합리성과 실질에 근거를 두고 있는 서양 문물을 받아들이는 데 하나의 장애가 되고 있다고 지적한다.

그런데 이 문제는 와그너의 주장처럼 그렇게 단순하게 설명될 수 있는 것은 아니며 생명에 대한 동서양 인식의 차이에서 비롯된 것으로 보아야 할 것이다. 곧 한국인들이 아기가 태어나자마자 한 살로 계산하는 것은 태중의 10개월을 이미 일생의 1년으로 계산하고 있기 때문이지 결코 수리 개념의 미발달에 원인이 있는 것은 결코 아니었다. 오히려 태어난 것 자체를 한 살로 보는, 바꿔 말해서 태아에게 인격성을 부여하려는 우리의 사고에 더 인륜의 측면이 있다고 보아도 좋을 것이다.

요컨대, 와그너의 눈에 비친 한국 아동의 모습은 연민의 덩어리였으며, 그러한 시각은 어린이가 우는 사회는 결코 행복할 수 없다는 인식을 그 바탕에 깔고 있다. 그런 점에서 그는 한국 사회에 대한 초기의 훼미니스트였다. 그래서 그는 결국 기도에 머무르지 않고 호수돈여학교를 창설하여 여성 교육을 실천하려고 했으며 그것이 죄(?)가 되어 조선총독부에 의해 추방되었다.

필자소개

와그너

Ellasue Canter Wagner, 王來 (1881~1957)

1881	미국 버지니아주의 헌터스빌 출생 마리온(Marion) 초급대학과 마르타 워싱턴대학(Martha Washington College)을 졸업, 스카릿대학(Scarritt College)에서 석사 학위를 받음
1904	홀스톤(Holston)선교회의 파송 선교사로 내한하여 송도(松都) 선교부에 부임. 캐롤(A. Carroll)과 함께 한옥 한 채를 구입하여 여학생 12명으로 호수돈(Holston)여고를 설립
1925~1926	루씨여학교 교장으로 취임
1931	기독교대한감리회 연합연회에서 최초로 여성 목사의 안수를 받음
1931~1935	서울에 머물면서 지방의 여선교회 사업과 태화여자관의 사업을 관장
1937	서울 북부지방 여선교회 사업관장, 호수돈여고 교장(1938)으로 재직
1940	일본 당국에 의해 강제 출국됨 『한국선교보』(*The Korea Mission Field*)의 편집자
1957	귀국한 후에는 테네시주 브리스톨에서 여생을 마쳤으며, 버지니아주 홀스톤 컨퍼런스묘지(Holston Conference Cemetery)에 안장됨

『은자의 문에서』(*At the Hermit's Gate*), 『한국의 어제와 오늘』(*Korea : The Old and The New*, 1931), 『한국의 부름』(*Korea Calls*), 『내일은 해가 뜬다』(*The Down of Tomorrow*), 『김서방 이야기』(*Kim Su Bang and Other Stories of Korea*, 1909), 『복점이』(*Pokjumie*, 1911) 등의 글을 남김

무저항 투쟁으로 독립을 얻은 나라는 없다

●

비분강개만이 애국은 아니다

켄달, 『한국 독립운동의 진상』
(*The Truth about Korea,*
San Francisco : The Korean National Association, 1920)

한국 민족운동사의 기원을 어디로 잡느냐에 대해서는 보는 이에 따라 서로 견해가 다를 수 있다. 낭만적인 해석을 하는 학자들은 임진왜란과 병자호란에서 한국 민족주의가 이미 배태되었다고도 하고, 누구는 실학사상의 탈脫중화사상이 한국 민족주의의 기원이라고도 한다.

그러나 이러한 주장이 보편적인 지지를 받는 것은 아니며 대체로는 현대사에 들어와서 동학 · 개화파 · 위정척사파 중의 어느 한쪽에 비중을 두려는 경향을 보인다. 위와 같은 갈래에도 불구하고 한국의 근대 민족주의가 완결된 것은 3 · 1 운동이라는 데로 의견이 모이고 있다.

켄달이 쓴 이 『한국 독립운동의 진상』은 3 · 1 운동이 일어난 직후 일본의 만행에 분노한 한 미국인 평론가가 세계의 여론을 환기하고자 쓴 역사의 고발장이다. 3 · 1 운동이 폭발하자 한일합병은 한국인의 자유로운 의지에 따라서 평화롭게 이뤄진 것이라고 주장해 온 일본의 입장이 국제적으로 치명적인 상처를 입게 된다.

이에 당황한 일제는 재외 공관은 물론 일본과 한국 내에서 발행되던 영어 신문과 잡지들을 통해 3 · 1 운동의 의미를 축소 · 왜곡하기 시작했고, 일본의 이러한 대외 선전은 외국인의 시각을 현혹하기에 충분했다.

이러한 계제에 출판된 이 『한국 독립운동의 진상』은 수원水原의 제암리堤岩里 교회에서 양민 35명을 사살하고 불태운 사건을 비롯하여 정주定州에서의 만세 운동과 학살 등을 소상하게 고발함으로써 세상을 놀라게 했다. 그의 지적에 따르면, 3 · 1운동 기간을 통하여 아동 피살자만 300여 명에 이르렀음을 폭로하면서, 아녀자 · 여학생에 대한 가혹 행위를 사실적으로 서술하고 있다. 대외적으로 선전 기관을 가지고 있지 못하던 당시의 한국인의 처지에서 본다면, 이 책은 서방 세계에 한국의 입장과 일본의 만행을 고발한 최초의 구미 서적이라는 칭송을 받을 만한 서적이 될 것이다.

군사적 저항을 전개했어야

이러한 내용에도 불구하고 이 책은 대부분 당시의 민족운동에 관한 서적이 대체로 그러하듯이, 비분강개에 흐르고 있는 것은 아니라는 사실을 주목해야 한다. 그의 주장은 당시의 지도 세력이 이 거대한 민족운동을 비폭력 무저항으로 이끈 것은 커다란 실수였다고 지적하고 있다.

당시 한국에 주재하고 있던 일본인의 숫자가 1천 명 중의 17명이었다는 점을 고려할 때 3 · 1운동이 군사적 저항으로 발전했었더라면 독립을 쟁취할 수 있었음에도 불구하고 지도 세력이 이를 무저항으로 이끎으로써 기회를 상실한 것을 그는 크게 아쉬워하고 있다. 어린이가 학살되는 상황에서 무저항 독립 선언이라는 것이 얼마나 무력한 것인가를 그는 개탄하고 있다.

역사적으로 볼 때 어떤 피식민지 국가가 무력으로써 강대국에 대항하여 독립을 쟁취한 사례가 거의 없는 것은 사실이다. 그러나 의병대장 최익현崔益鉉의 주장처럼, 이는 승패의 문제가 아니라 민족정기의 문제이며 삶의 도리의 문제였다. 무장 투쟁은 그 자체의 성공 가

일제의 독립운동가들 학살 장면

능성의 문제를 떠나 대외 선전 효과라는 점에서도 중요한 의미를 갖기 때문에 독립운동은 무장 투쟁으로 전개될 수밖에 없는 것이다.

필자 켄달이 3·1운동에 관하여 들려주는 또 다른 고언苦言은 지도계층의 나약함과 이들을 미화한 영웅주의 사관의 문제이다. 그는 동포들이 학살되는 상황에서 민족운동의 지도자라는 인물들이 중국요릿집을 찾아가서 이러니저러니 한 사건을 "기이하게" 생각하고 있다.

사실 이 문제는 3·1운동사에서 누군가 짚고 넘어가야 할 문제였다. 당시에 만약 지휘부가 당초에 약속한 대로 탑골공원으로 나갔더라면 무고한 젊은이들이 너무 많은 피를 흘릴지도 모른다는 우려 때문에 장소를 변경했다고 그들은 변명했지만, 꼭 그런 것만은 아니었을 것이다.

3·1운동 당시 독립 만세를 외치며 종로 거리를 행진하는 여학생들

그들이 본시 투사 출신들이 아니고 종교를 믿는 동학도요, 목사요, 스님이었다는 점을 고려한다면 유혈을 피하려고 했다는 변명에 일말의 근거가 있는 것은 사실이지만, 그들의 장소 변경은 몇 가지 점에서 떳떳하지 못했다.

우선 그곳이 당시의 유명한 요정이었다는 사실도 문제가 되지만 그보다 더 심각한 것은 그곳 태화관泰和館이 이완용李完用의 별장이었다는 사실이다. 그뿐만 아니라 만세 지휘부로 결정한 그곳의 기생이었던 주산월朱山月이 손병희孫秉熙의 소실이었다는 사실이 그들의 입장을 더욱 어렵게 만들고 있다. 길선주吉善宙 목사, 유여대劉如大 목사, 김병조金秉祚 목사, 정춘수鄭春洙 목사는 그 중국요릿집의 선언식에 참석하지 않았다.

3 · 1운동 때 서울 동대문을 꽉 메운 사람들

켄달이 보는 3 · 1운동은 그가 의도적으로 표현한 것은 아니지만, 다분히 민중주의적 성격을 안고 있다. 그는 다소 비굴했고 어느 면에서는 전략적으로 어두웠던 지도부에 대한 역한 감정을 행간에 깔고 있었기 때문에 그가 민중 사관에 젖은 것으로 보이는 것은 어쩌면 당연할지 모르며, 이러한 사관은 3 · 1운동사를 이해하는 중요한 도구가 될 수 있다. 왜냐하면 3 · 1운동은 누구 하면 다 알 수 있는 지도자 아무개의 이름만으로 설명될 수 없고, 오히려 이름 없는 민초들의 투쟁이 더 거룩해 보이기 때문이다.

이와 같이 민중운동사적인 성격을 선호했던 켄달은 3 · 1운동사에서 특히 지방사地方史를 주목해야 한다고 촉구하면서, 이에 관한 당시의 관문서와 외신 보도 등의 1차 사료를 추가함으로써 사실 설명에 더 충실히 하려고 노력했다.

3·1운동의 지도부에 대한 또 다른 역사의 문책은 일부 민족 대표들의 어이없는 법정 진술이다. 손병희는 경성지방법원 예심에서 "나는 한일합병에 대하여 별로 찬성이나 반대를 하지 않았다"고 답변했고, 정춘수鄭春洙 목사는 "나는 본래부터 한일합병에 반대하지 않았다. … 원산元山 남감리교회의 시위는 전도사인 곽명리郭明理와 이가순李可順이 꾸민 일"이라고 대답했고, 천도교 대표 홍병기洪秉箕는 "독립건의서를 제출하는 줄로 알고 그 자리에 갔다"고 대답했다.

일본 지성이 모두 병든 것은 아니다

끝으로 필자 켄달이 이 글을 통하여 주장하고자 하는 것은 일본이 한국에서 비인도적 처사를 수없이 저지른 것은 사실이지만, 그렇다고 해서 일본인 모두가 죄인이요 부도덕하다고 몰아붙여서는 안 된다고 충고하고 있다. 일본의 지성이 모두 병든 것은 아니라는 것이다.

그러면서 그는 특히 당시 일본의 입헌정우회立憲政友會가 진상조사단으로 파견하였던 국민당 소속의 모리야 코노스케守屋此助의 보고서가 얼마나 정직하고 사태를 정확히 인식하고 있었던가를 강조하고 있다. 이러한 주장은 우리에게 낯설고, 내심 받아들이기 어려운 대목이지만 이제 우리는 켄달의 옹변擁辯과 당시 일본 지식인의 대한對韓 인식을 바로 보아야 할 때가 되었다.

필자소개

켄달

Carlton Waldo Kendall (1895~?)

1895. 8. 17.	캘리포니아주의 오클랜드(Oakland, Ca.)에서 아버지 노아(Noah C. Kendall)와 어머니 에나(Ena F. Kendall) 사이에서 출생
	캘리포니아 대학을 졸업한 후 런던 · 파리 · 로마 · 마드리드를 4년 동안 여행하며 세상의 견문을 넓혔으며 옥스포드대학, 케임브리지 대학, 예일대학, 하버드대학, 컬럼비아대학, 존스 홉킨스대학 등 세계의 명문을 돌아다니며 수학(修學)함
1933	메리(Mary Blackedge)와 결혼
	래드네크(Odlaw Ladnek)라는 필명으로 문필 생활을 시작함
	제1차 세계 대전에 공군으로 복무
1924	제네바에서 국제연맹의 활동을 취재하는 특파원으로 활약
1936	미국저작권동맹(Author's League of America, NY) 회원
	만년에는 고향 오클랜드에서 저술에 몰두함

『현대사』(*Current History*), 『북미 평론』(*North American Review*), 『세계 문제 분석』(*World Affairs Interpreter*), 『중국지』(*China Journal, Shanghai*), 『월간 육로』(*Overland Monthly*), 『여행』(*Travel*), 『광인의 위협』(*Threat of Insanity,* 1929), 『한약의 신비』(*Magic Herbs : The Story of Chinese Medicine,* 1932), 『샌프란시스코 크로니클』(*San Francisco Chronicle*), 『포틀랜드 오레고니안』(*Portland Oregonian*) 등에 기고했고, 『세계시사지』(*World in Brief News Service,* NY)와 『신비』(*The Occult Digest*)의 과학 편집인을 지냄

조선은
중립화가
살길이다

●

대한제국의 망국을 지켜본
미국의 마지막 고문

샌즈, 『조선비망록』

(*Undiplomatic Memories,*

New York : McGraw-Hill Book Co., 1930)

어느 사회에나 한 시대를 살아가면서 현실을 불만스럽게 생각하며 반대하는 사람이 있는가 하면, 세상을 긍정적이고 만족스럽게 생각하며 살아가는 사람이 있는데, 우리는 앞의 무리를 가리켜 좌파라고 부르고 뒤의 무리를 가리켜 우파라고 부른다.

본디 이 좌파니 우파니 하는 용어는 본디 프랑스혁명 직전에 부르봉 왕조의 삼부회三部會에서 의안에 반대하는 사람은 회랑回廊의 왼쪽에 서고 찬성하는 사람은 오른쪽에 서는 표결 방법에서 비롯된 것이었는데, 세월이 흐르면서 오늘처럼 그 의미가 정착되어, 인권과 평등에 가치를 두는 국제주의자는 좌파라 하고, 재산과 자유에 가치를 두는 국가주의자를 우파라고 부르게 되었다.

그런데 위와 같은 개념이나 분류는 지극히 교과서적인 것으로서 어느 사회에서나 보편적으로 받아들여지는 것이지만 한국에서만은 위와 같은 분류가 적용되지 않으며, 엉뚱하게도 미국을 호의적으로 생각하는 사람은 우파이고 미국을 나쁘게 생각하는 사람은 좌파라는 어이없는 분류 방법이 우리 사회의 가치를 지배하고 있다.

당사국인 미국에서조차도 적용되지 않는 이 희한한 분류법이 한국 사회에서만 적용되는 이유는 아마도 미국에 순종하도록 오랜 기간 길들여 오면서 생긴 타성 때문이 아닌가 생각된다. 그러나 한미 관계 140년의 역사를 되돌아보면, 미국은 우파들이 주장하는 것처럼 어버이 나라parent state만도 아니었고, 좌파들이 생각하는 것처럼 그렇게 원수진 나라도 아니었으며, 사람과 시대에 따라서 착한 사마리아인도 있었고, 몹쓸 짓을 한 사람도 많았다.

푸크 중위의 소설 같은 사랑

1885년 1월 조선 공사로 부임한
조지 푸크 중위

때는 1850년대, 미국의 동부 도시인 아나폴리스의 해군사관학교에는 푸크George C. Foulk라는 영리한 청년이 사관생도로 열심히 공부하고 있었다. 그런데 인물도 준수하고 성적도 우수한 이 학생은 이상하게도 혼자서 일본어 학습에 몰두하고 있었다.

사관학교를 마친 푸크 소위는 남들이 선호하는 본부 근무도 마다하고 서슴지 않고 아세아 함대 사령부의 근무를 신청했으며, 지원자도 적던 터라 어려움 없이 그곳에 배속되어 일본의 나가사키長崎에 근무하게 되었다. 그때 그의 나이가 27세였다. 낭만과 야망에 들뜬 이 젊은이는 주말의 외출 시간이 되면 동료들과 함께 밖으로 나가 일본의 풍물을 즐겼다.

그들이 즐겨 찾는 곳은 나가사키의 언덕 위에 있는 전통 찻집이었다. 그들이 그 찻집을 즐겨 찾은 것은 주인 딸이 있었는데 얼굴도 미인일 뿐만 아니라 영어도 유창하여 향수를 달랠 수 있었기 때문이었다. 그 처녀의 이름은 카네 무라세金村瀨였다. 그 찻집은 분위기도 우아했으며 장교든 신사이든 간에 무례하거나 천박하면 주인으로부터 문전 박대를 당했다.

그런데 한 가지 이상한 것은 찻집 주인 노부부가 그 딸을 대하는

푸트 공사 부인의 궁중 나들이

태도가 부모 자식 사이 같지 않고 마치 하인이 상전을 대하듯이 하는 것이었다. 많은 청년 장교들이 그곳을 찾았지만, 그 찻집에서는 일본말을 유창하게 구사하는 푸크 소위가 단연 스타였다. 그리하여 찻집의 외동딸과 푸크는 곧 친하게 되었고 결국 사랑에 빠졌다.

사랑하는 사이가 된 푸크는 평소에 이상히 여기던 문제, 곧 왜 그 부모가 딸을 마치 상전처럼 대하는가를 물어보았더니 그 대답인즉, 자기는 본디 사쓰마薩摩의 유명한 사무라이의 딸이었다고 한다. 그런데 사쓰마와 조슈長州 사이의 전쟁이 일어나자 자기의 아버지와 어머니는 피살되었고 어린 자기만이 살아남았는데, 그 당시 자기 집안의 하인이었던 지금의 부모가 자기를 안고 도망쳐 나가사키에 숨어 사는 것이라고 했다.

이 무렵 조선 주차 미국 공사 푸트Lucius H. Foote가 생활고로 공사직을 사임하자 주한 공사관의 무관으로 복무하던 푸크 중위가 그 뒤임으로 조선 공사가 되어 1885년 1월에 부임했다. 그러나 그에게는 뜻밖의 어려움이 있었다. 그것은 다름이 아니라 생활고였다. 당시 미국 정부는 경제적 어려움으로 말미암아 독자적 외교관을 확보하지 못한 채 현지의 장교를 공사로 임명하던 함포 외교의 시대였다. 빠듯한 중위의 봉급으로 푸크 중위는 공사의 품위 유지는커녕 가정을 꾸려 나가기도 어려웠다.

한국을 사랑했고 아내와 함께 한국에 살고 싶었으나 여건이 허락되지 않자 푸크는 공사직을 사임했다. 이 소식을 들은 고종은 봉급을 대신 지급할 터이니 부디 한국에 남아 달라고 부탁했지만 공인公人의 몸으로 그럴 수도 없었다. 끝내 1886년 9월에 원대 복귀한 푸크 중위는 함대 사령부가 있는 일본으로 돌아가 일본 국적을 취득하고 무라세와 정식으로 혼례를 올렸다.

다행히도 푸크는 도시사대학同志社大學의 영문학 교수의 자리를 얻어 행복하게 살았다. 그러나 그 꿈도 잠시뿐, 일본으로 귀화한 지 7년째 되던 해 그는 닛코日光의 어느 길섶에서 시체로 발견되었다. 그의 몸에는 사무라이의 닛본도 자국만이 낭자했을 뿐 누구도 그의 죽음을 밝히지 못했다.

명문거족의 꿈과 야망

그 뒤 몇 사람의 공사가 거쳐 가고, 이 책의 필자인 샌즈가 조선 공사로 부임했다. 미국 동부의 명문거족의 후손이었기에 가문의 연줄로

사모관대 차림의 윌리엄 샌즈(왼쪽)가 그의 친구와 함께
장죽으로 담배를 즐기고 있다.

보더라도 훨씬 좋은 보직을 받을 수 있었음에도 불구하고 야심만만한 샌즈는 이 미지의 땅에서 자신의 꿈을 실현해 보기 위해 조선으로의 부임을 자처했다.

샌즈는 부임 초에 조선의 강산이 황폐한 것은 외국인의 침략 야욕을 불러일으키지 않으려고 일부러 파괴하여 그렇다는 말을 듣고 깊은 충격을 받는다. 그는 이 비경秘境의 나라를 위해 자신이 할 일이 있을 것이라고 확신했다. 그에 대한 고종의 사랑과 고종에 대한 그의 연민은 각별했다.

3년에 걸친 공사 생활을 마친 샌즈는 미국의 공사의 자격으로서는 조선을 돕는 데 한계가 있다고 생각하고 공사직을 사임하고 조선 정부의 왕실 고문으로 부임했다. 그는 어명을 받아 전국의 민정을 시찰하고 제도를 개선했으며, 이권 외교를 위해 들개들처럼 달려오는 외국의 투기자들로부터 조선을 보호하고자 온갖 노력을 기울였다. 지방에서 반란이 일어나면 그는 함경도의 오지까지 찾아가서 반란군을 선유宣諭했으며, 척신과 근신들로부터 왕권을 보호하기 위해 노력했다.

이 무렵, 1901년에 제주도에는 프랑스 신부 라크루Larcrouts, 具 신부와 무세Mousset, 文 신부가 포교하고 있었다. 그들은 우상 숭배를 배격한다는 교리에 따라 마을의 신목神木을 베어 버리고 해안 무속이 심한 이 지역의 신당神堂을 헐어 버리는 등의 작폐作弊를 저질러 원성을 사고 있었다.

이때 설상가상으로 정부로부터 강봉헌姜鳳憲이란 오리汚吏가 징세관徵稅官으로 제주도에 들어와 수탈이 심했는데, 이때 일부 천주교도들이 그의 앞잡이 노릇을 했고 프랑스의 세력을 믿은 일부 신부들도 이를 방조함으로써 민원民怨을 샀다.

이에 대정大靜 군수 채구석蔡龜錫(1879~?. 제주인. 1879년에 식년 생원에 합격. 字는 大汝)과 유림의 좌수 오대현吳大鉉과 강우백姜遇伯, 그리고 제주 관노官奴 이재수李在守 등이 상무사商務社라는 비밀 결사를 조직하고 1901년 5월에 도민들을 규합하여 제주읍을 습격하고 천주교도를 처형했다. 이 과정에서 악행을 저지른 천주교도 500명과 주민 200명이 희생되었다. 이 사건이 바로 저 유명한 이재수의 난이다.

제주도에 반란이 일어났다는 보고를 받은 고종은 즉시 샌즈를 불러 강화도 수비대를 인솔하고 내려가 사태를 수습하도록 지시했다.

이재수의 난

그는 제주도와 인연이 있을 뿐만 아니라 일본어와 영어에 능통한 개화파 출신의 고영희高永喜를 부관으로 뽑은 다음 1백 명의 수비대를 배에 태우고 인천을 출발하여 제주도에 이르렀을 때, 사태는 이미 걷잡을 수 없을 만큼 악화되어 있었다.

그렇다고 해서 그에게 반란군을 진압할 만한 무기나 병력이 있는 것도 아니었다. 더욱이 사태를 악화시킨 것은 선교사를 보호한다는 명목으로 프랑스에서는 함대 2척을 파견하여 섬을 초토화시킬 작전을 계획하고 있었다.

이미 7백 명이 피살된 이 작은 섬에서 다시 신식 군대의 초토화 작전이 전개된다면 그 피해가 어떠하리라는 것을 샌즈는 잘 알고 있었다. 그는 우선 프랑스 함대의 포티어Pottier 함장과 로티P. Loti 참모장을 만나 공격을 중지시킨 다음 반란군의 회유에 들어갔다.(로티 참모장은

마포나루의 뱃사람들
그들이 나체라는 것이 인상적이다.

그 뒤 제독이 되어 제1차 세계 대전의 영웅으로 역사에 기록되어 있다.)

이재수의 무리는 죽창과 활로 무장하고 있었으며, 그를 따르는 무리는 수천 명이 넘어 보였다. 샌즈는 우선 자신의 강화도 수비대를 허장성세虛張聲勢하여 대규모 군대가 온 것처럼 보인 다음 이재수의 무리를 설득했다. 반란군은 의외로 온순하여 쉽게 항복을 받을 수 있었다.

이렇게 사태를 수습한 샌즈는 채구석, 오대현, 강우백, 이재수를 서울로 압송하였다. 이들 중 채구석을 징역에 처하고, 나머지 3인을 처형함으로써 사건은 종결되었지만, 이 집단 학살은 그 뒤 제주도의 정치 문화에 커다란 앙금으로 남았다. 이때 필자인 샌즈는 프랑스 선교사를 보호해 준 공로로 프랑스 정부로부터 뢰종 도노르 훈장Legion of Honor을 받았다.

러일전쟁을 바라보며 한일합병을 예견

샌즈의 노력에도 불구하고 조선의 운명은 점차로 기울어 가고 있었다. 러일전쟁에서 누구도 예측하지 못했던 러시아가 패배하자 이제 조선의 운명이 풍전등화임을 그는 감지했다. 그는 이제 열강의 이권으로부터 조선을 구할 수 있는 마지막 카드로서 조선의 중립화를 제안했다.

고종을 설득하는 데까지는 성공했으나 이러한 움직임이 표면화되자 누구의 교사를 받았는지 내장원경內藏院卿(왕실 재정 책임) 이용익李容翊은 그의 봉급을 중단했으며 그의 집을 압류했다. 샌즈는 낙심하지 않고 조선 주차 일본 공사 하야시 곤스케林權助를 찾아가고 이토 히로부미伊藤博文를 만나 조선의 중립화를 호소했지만, 이미 조선을 병합한다는 거대한 밑그림을 완성하고 이를 추진하던 그들이 샌즈의 제안에 귀를 기울일 이유가 없었다. 그는 한 선량한 왕국의 망국을 막지 못한 죄의식으로 괴로워하며, 극동의 지도를 둘둘 말아 워싱턴으로 돌아갔다.

샌즈가 미국으로 돌아간 지 얼마 되지 않아 일본 공사관에서는 을사보호조약의 체결을 축하하는 파티가 성대하게 열렸다. 그 자리에서 축하의 건배를 제의한 사람은 아이로니컬하게도 조선 주차 미국 공사 몰간E. V. Morgan이었다. 샌즈의 얼굴과 몰간의 얼굴을 동시에 가진 개화기의 한미관계사를 돌아볼 때면 나는 자신이 좌파인지 아니면 우파인지를 몰라 어리둥절할 때가 있다.

필자소개

샌즈

William Franklin Sands, 山島 (1874~1946)

1874. 7. 29.	워싱턴에서 출생. 할아버지(Benjamin F. Sands)는 해군 제독으로서 멕시코전쟁에 참전했으며, 남북전쟁 당시에는 남군을 지휘함(1871)
	아버지(James H. Sands)는 해군 제독으로서, 남북전쟁 당시에는 남군에 가담하였으며, 아세아 함대에 배속(1870)되었다가 스페인전쟁에 참전, 해군사관학교 교장(1905~1907), 필라델피아 해군 기지 사령관(1898 ~ 1901), 해군재향군인회장(1902)으로 여생을 마침
	유년 시절에 오스트리아의 펠드커크(Feldkirch)에 있는 초등학교로 유학
1896	조지타운대학에서 예술 학사와 법학사를 받고 곧바로 국무성에 들어감
1896	도쿄(東京) 주차 미국 공사관 2등 서기관으로 부임
1898	조선 주차 미국 공사관 1등 서기관으로 부임하여 곧 변리 공사로 승진
1900	공사직을 사직하고 고종의 고문이 됨

1901	제주도에서 일어난 이재수(李在守)의 난 당시에 프랑스 선교사를 보호한 공로로 프랑스 정부로부터 뢰종 도노르(Legion of Honor)를 받음
1904	을사보호조약과 함께 고문직을 박탈당하고 귀국함 파나마(1905~1907), 과테말라, 멕시코 대사관(1908~1910)에서 근무
1914~1916	런던에서 면화 딜러로 활약
1916	셍트 페테르부르크에 있는 러시아 포로 송환 위원회에서 활약
1927	조지타운대학교 외교대학(School of American History and Diplomacy) 설립
1946. 6. 17.	워싱턴에서 사망

한국은

스스로

일어서야 한다

●

한국의 희망은 젊은이들뿐

드레이크, 『일제 시대의 조선 생활상』

(*Korea of the Japanese,*

London : John Lane The Bodley Head Ltd., 1930)

내가 한국의 현대사를 공부하면서 늘 자문하는 화두話頭 가운데 하나는 "왜 한국은 일본에 멸망했는가?"라는 질문이다. "그거야, 왜놈들이 나빴기 때문이지 …." 이것이 우리가 학교에서 배운 답안이었다. 그러나 나이를 먹고 내 나름대로 이 시대를 공부하면서 나는 한국의 멸망은 일본을 원망하는 것만으로는 그 원인이 설명되지 않는다는 것을 절감하게 되었고 그 원인은 내부에 있었다는 결론을 얻기에 이르렀다.

우리는 한국의 멸망사나 한일관계사를 너무 센티멘털하게 가르쳤고 그 바닥에는 늘 애련哀憐이 깔려 있었다. 이러한 역사감상주의를 벗어나는 것이 한국 현대사가 극복해야 할 하나의 과제라는 것이 내 평소의 소신이다. 우리는 망국이라는 거대 담론을 친일파 몇 사람에게 덧씌움으로써 문제의 핵심을 희석했다.

망국의 책임을 묻지 않는 나라

우리의 근·현대사에서 대일 관계를 도덕론적 정치학이나 역사학에서 설명하는 과정에서 흔히 회자膾炙되는 용어로는 선린善隣을 들 수가 있다. 그러나 지정학이나 역사로 볼 때 인접한 국가가 화목할 수 없다는 것은 인간사에서 가장 쓰라린 시련이다.

인간들은 근린近隣이니 일의대수一衣帶水니 "가깝고도 먼 나라"라는 용어를 쓰고 있지만, 양국의 역사는 솔직히 말해서 증오와 유혈의 역사였고 은수恩讐의 2천 년이었다. 물론 그 오랜 세월 동안에 고결한 수수授受가 없었던 것은 아니지만 그 큰 흐름은 곧 병탄과 해방을 위

되들잇병을 인 여인
아낙네들은 물건을 운반할 때면 곧잘 머리에 이곤 한다. 액체를 가득 채운 되들잇병을 머리에 인 채 떨어뜨리지 않고 걷는 것은 독특한 재간이 아닐 수 없다.

한 투쟁의 교호交互 작용이었으며, 이웃으로서의 작위作爲는 우리가 소망했던 것처럼 그렇게 선량하지 않았다.

그러나 이러한 숙명적인 증오를 감안하더라도 그동안 우리 사회에 만연·풍미해 온 경험주의적 배일 감정排日感情은 양국의 문제를 해결하기보다는 오히려 후대를 오도했고, 결국에는 경제적 종속, 정치적 불신, 문화적 침식만을 가중했을 뿐이다. 이것은 참다운 역사 교육이 아니다.

일본은 분명히 그릇된 삶을 산 부분이 있다. 그러나 그것은 우리가 취할 바가 아니며, 그들이 스스로 청산해야 할 문제이다. 중요한 것은 그들이 지닌 장점과 우리보다 우월한 측면을 알고 배우는 것이다.

일본은 분명 "배울 것이 있는 나라"이다. 이 점을 소홀히 하면 애련의 역사는 또다시 반복될 것이다.

이러한 빗나간 배일 감정에 기초하고 있는 한일관계사는 비분강개悲憤慷慨함을 그 특징으로 한다. 한국사가 비분강개의 역사로 흐르게 된 이유는, 한일합병을 통한 망국의 한恨, 전근대 사회의 역사가들이 가지고 있었던 주자학적 세계관과 춘추필법春秋筆法 그리고 분단 상황 때문이었다.

이러한 동인動因에서 출발한 비분강개의 역사 교육으로 말미암아 평화나 선린이나 우의友誼의 개념은 수사학적 용어일 뿐 실재하지 않는 허상虛像이 되었다. 그렇기 때문에 한일관계사의 기술은 피차간에 상대방의 악마화惡魔化 작업이었다. 그리고 이러한 작업의 대오에 참여하기를 거부하는 무리는 반민족자이거나 아니면 적어도 비민족주의자였다.

국가의 멸망은 일차적으로 당사국 책임

한국인들이 듣기에 거북하고 전혀 동의하거나 납득할 수 없는 얘기겠지만, 대한제국의 멸망은 일차적으로 한국인 자신의 책임이었고, 특히 그 시대의 지배 계급이 책임져야 할 문제라는 것이 당시 한일관계사를 논의하는 필자들의 보편적 견해이다. 물론 당시에 한국의 멸망에 대하여 연민을 가졌고, 일본의 부도덕성을 지탄한 학자가 없는 것은 아니지만 그들도 한국인의 책임을 면제하는 입장에 있지는 않았다.

그런 점에서는 이 책의 필자인 드레이크도 마찬가지이다. 일제 시대 경성제국대학 영어 교수였던 그의 눈에 비친 조선의 모습은 칙칙하고 음울하다. 사람들의 얼굴에는 희망이나 생기가 없고 망국민으로서의 체념과 우울함이 안개처럼 뿌옇게 서려 있다. 그가 한일 합방의 당위성을 주장하고 있는 것도 아니고, 일본이 잘하고 있다고 칭찬하는 것은 아니지만 당분간 조선의 독립이란 어려울 것 같다는 체념을 바닥에 깔고 있다. 그가 이 글을 쓴 1930년대의 한국인의 의지는 많이 저상沮喪되어 있었다.

아마도 필자 드레이크는 당시 한국에서 활약하던 외국인 선교사들, 이를테면 영국성공회 신부들과 독일의 베네딕토회 신부들의 신앙과 개명 운동이 한국인들의 의식을 깨우치는 데 기여할 수 있으리라고 기대했던 것 같다. 그는 이들의 활동을 소상히 기록하면서 특히 독일의 수도사였던 칼리스토Calistus 신부의 헌신적이고도 금욕적인 모습을 전설처럼 그리고 있다. 이 부분은 묻힌 선교사宣敎史를 복원하는 데에도 도움이 될 것이다.

한국의 희망은 젊은이들

이 글은 필자가 2년 동안 한국에 머물면서 보고 느낀 견문기이자 체류기임에도 불구하고 그 서두는 다소 센티멘털한 소설적 분위기로부터 시작된다. 그는 어느 날 연구실에서 세 명의 한국인 학생들의 방문을 받는 것으로 글이 시작된다.

삶에 지친 듯한 표정의 학생들은 필자를 찾아와 한국의 독립을 위해 영국이 국제 무대에서 옹변擁辯해 주기를 간절히 애원하면서, 그러한 작업의 실마리를 풀기 위해 필자인 드레이크가 문필로서 국제 무대에서 조선을 변호해 줄 것을 요청한다.

이와 같은 요구에 대하여 드레이크는 학생들에게 차마 말로써 표현하지는 못했지만, 그 나름대로 다음과 같은 결론을 준비하고 있었다.

> 첫째로, 외국인들이 한국인들에게 동정심을 가지고 있는 것은 사실이지만 그것만으로 한국인들을 일본의 압제로부터 구원할 수는 없다. 외국인들이 아무리 선의를 가지고 있다 하더라도 누구도 한국인을 도울 수 없으므로 한국은 스스로 일어서야 한다는 것이다.
>
> 둘째로, 일본인들이 하고 있는 한국에서의 활동이 효율성을 갖는 것은 사실이지만 그들이 추구하는 방법과 그 적용을 호의적으로 생각하는 사람은 아무도 없다는 것이다. 그들이 아무리 선의로 출발했더라도 그들은 남을 돕는 법을 결코 배울 수 없는 민족이다. 따라서 그들의 호의나 개심改心에 따라 한국이 독립할 수 있는 희망은 없다.
>
> 셋째로, 일본인들의 오만, 주제넘은 호의, 불법적인 작태, 교활함은 한국인들이 자신들의 저하된 정신을 앙양시키고자 하는 그들의 초인적이고도 애끓는 노력에 비해 훨씬 앞서가고 있다.

그러니 한국인들은 어떻게 해야 하는가? 이 물음에 대하여 드레이크는 선명하고 긍정적인 답을 제시하지 못하고 있다. 아니, 오히려 그는 그 대답을 체념하고 있는 듯이 말함으로써 일본에 의한 한국의 지배는 상당 기간 지속되리라는 인상을 풍기고 있다.

빈민가

양반의 집과 정원
현판은 당(唐)나라 왕발(王勃)의 "승우여운"
(勝友如雲 : 좋은 친구들이 구름처럼 몰려 있네)이다.

여기에서 우리가 주목해야 할 사실은 드레이크의 이러한 인식이 그의 개인적이고도 독자적인 의식이 아니라 그 당시 영국인들의 보편적인 인식이었다는 사실이다. 동양에서 영국의 이해관계는 중국에서 북회귀선의 남쪽에 있었기 때문에 영국은 한국의 미래에 대하여 아리고 쓰릴 것이 없는 나라였다.

이러한 영국의 인식은 비단 대한제국의 시대에만 국한되는 것이 아니라 한국에서 분단과 내란의 아픔을 겪을 때도 여전했던 인식이었다. 오죽했으면 해방 정국에서 영국에 대한 한국의 중요도를 다루는 외교 문서에서 "영국에 대하여 한국이 가지는 중요도는 영국 왕실 근위병의 유골 한 토막만 한 가치도 없다"고 기록했을까?

영국은 끝내 한국을 돕지 않을 것이다

한국의 독립에 대한 드레이크의 인식은 끝까지 연민에 지나지 않았지, 그 당위성을 옹호해 주지는 않았다. 그렇다고 해서 이러한 영국에 대해서 우리가 배울 게 없는 것은 아니다. 이를테면 국제 사회에서 도덕적 호소나 감상적 소망이 얼마나 덧없는 것인가를 배울 수 있으며, 국가 수립과 건설 과정에서 자강自强의 길이 얼마나 절실하고 어려운 것인가를 배우는 것으로 만족할 수밖에 없을 것이다.

필자소개

드레이크

Henry B. Drake (1894~?)

금강산에서의 드레이크

1894 출생

영국의 소설가이자 교육자이며 동양학자. 『치료』(*The Remedy,* 1925)라는 소설로 "1920년대를 대표하는 공포소설가"라는 평가를 받음

『저주받은 보물』(*Cursed Be the Treasure,* 1926), 『여호와호의 선장』(*The Captain of the Jehovah,* 1936) 등을 발표하여 문명(文名)을 떨침.

1928경 한국에 입국. 어느 고등학교와 경성제국대학에서 2년 동안 영어를 가르침

영국으로 귀국한 뒤에는 『자장가』(*Husha-Bye Baby,* 1954), 『여인과 신부』(*The Woman and Priest,* 1955), 『범선 캘리포니아호』(*The Schooner California*), 『아이들의 수확』(*The Children Reap*), 『신주』(*Shinju*) 등의 작품을 씀

어디에서 언제 죽었는지 확인되지 않음

나라가 망하니
짐승들도 죽어가누나

•

한반도의 생태계 연구라는 이름의 남획자

베리만, 『한국의 야생 동물지』
(*In Korean Wilds and Villages*,
London : Travel Book Club, 1938)

중국의 고전인 『회남자』淮南子를 보면, 늘 새와 대화를 나누며 함께 노는 한 청년의 이야기가 나온다. 어느 날 그가 새와 함께 놀다 왔다는 말에 너무도 어이가 없던 아내가 그러면 자기와 함께 가서 새와 노는 장면을 보여 달라고 했다.

이에 응낙한 그 젊은이가 바닷가로 나갔으나 그때는 새들이 오지 않았다. 새들은 이미 그의 마음에 순수함이 없음을 알았기 때문에 몰려들지 않았으며 그 뒤 그는 아내로부터 더 많은 구박을 받았다고 한다. 이 책을 처음 읽었을 때 나는 이것이 하나의 우화寓話인 줄로만 알았다.

그러다가 지금으로부터 45년 전에 내가 아끼는 후학인 김수일 군(그 뒤 그는 위스콘신대학에서 조류학 박사 학위를 받고 교원대학교의 교수로 재직 중, 2005년에 타계)과 나의 어린 자식들과 함께 광릉光陵으로 소위 탐조探鳥 여행을 다녀온 뒤 『회남자』에 등장하는 그 청년이 우화의 주인공이 아니라 실존 인물일 수 있다고 생각했다.

김 박사는 각종 새의 목소리를 내어 새를 불러 나의 아이들과 함께 놀아 주었으며, "이 새와 얘기를 나눠 보니 충청도에서 올라온 미조迷鳥 같다"느니, 하늘을 나는 새를 바라보며 "저 새는 암놈으로 지금 4살인데 시베리아로 가고 있는 중"이라느니, 하는 얘기를 들으며 그의 경지가 결코 중국의 그 청년에 못지않다고 생각하며 한없는 경이로움에 빠진 적이 있다.

워싱턴에서 공부할 당시인 1986년에, "Korea라는 글자만 나오면 무슨 고서든지 나에게 연락해달라"는 부탁을 해놓은 고서점으로부터 한국 고서가 나타났다는 연락을 받고 허둥지둥 달려가 보니, 그것

사냥차림의 베리만과 매몰이꾼

은 역사학도, 사회과학도 아닌 자연사自然史, 곧 한국의 야생 동물에 관한 글이었다. 우선 130장에 이르는 한국의 야생 동물 사진과 민속 사진이 나를 놀라게 했다. 나의 전공과는 아무런 관련도 없었지만, 이 책은 한국에 있어야 할 책이라는 생각과 함께 나는 김수일 박사를 생각하며 월 800달러의 국비장학금으로 쪼들리는 주머니를 털어 거금을 주고 이 책을 샀다.

스웨덴과 한국은 역사적으로 인연이 없을 듯하지만 그렇지 않다. 1926년 10월에 고고학자이며 스웨덴의 왕자인 구스타프Gustav 부부(지금의 스웨덴 왕의 父王)가 한국의 고고학에 관심을 가지고 내한하여 경주의 고분을 발굴하고 그를 기념하여 이 무덤을 서봉총瑞鳳塚이라 명명命名한 것은 잘 알려진 일이다. 그는 그 뒤에도 한국에 관한 관심을 버리지 않던 차에 한국의 야생 동물을 수집하여 스웨덴 왕립 자연사박물관에 전시하고 싶은 생각을 하게 되었다.

관동군의 호위를 받으며 백두산에서 남획

그러한 목적으로 선발된 사람이 바로 여기에 소개하는 『한국의 야생 동물지』의 저자인 슈텐 베리만Sten Bergman이다. 영미권에서는 그의 이름을 "버그만"이라고 읽는데, 저 유명한 잉그리드 버그만Ingrid Berman이 그의 문족門族이다. 캄차카와 쿠릴열도의 생태계 연구학자로 이미 문명文名을 날리고 있었을 뿐만 아니라 탁월한 사냥꾼인 그가, 스웨덴 자연사박물관의 진열을 위해 한국의 야생 동물을 잡으러 13일에 걸친 시베리아 횡단 철도의 여행 끝에 서울에 도착한 것은

참매로 꿩사냥하는 조선 젊은이

매사냥 몰이꾼

1935년 2월 21일이었다.

베리만이 도착한 날 저녁에 당시의 조선 총독 우가키 가즈시게宇垣一成가 저녁 만찬을 베풀어 준 것을 보면 그의 지위가 어느 정도였던가를 미루어 짐작할 수 있으며, 일본의 대한 정책의 일면을 볼 수도 있다. 그는 한국에 오면서 스웨덴의 일류 박제사인 훼크비스트Harald Sjöqvist를 데리고 왔다.

그는 서울에 1개월 동안 머물면서 도쿄東京를 통하여 필요한 장비를 구입하고 함경도의 지리에 능숙한 일본인 사냥꾼 후지모토 겐지藤本源를 고용하여 북쪽으로 떠났다. 그는 주을朱乙 온천에 캠프를 치고 함경도, 특히 백두산 일대의 사냥을 시작했다. 함경도에서 극동 러시아의 일급 사냥꾼인 얀콥스키G. Jankovski의 3부자父子와 일본의 사냥

베리만은 스웨덴 자연사박물관을 위해 매우 큰 종류의 멧돼지를 갖고 싶어 했다.

꾼인 요시무라吉村를 다시 고용한다.

이들의 장비를 보면 말이 50필이었고, 백두산 일대의 마적들로부터 약탈당하지 않도록 관동군關東軍의 호위를 받으며 백두산 탐사와 사냥을 전개한다. 통신은 주로 전서구傳書鳩를 이용했다. 훌륭한 짐승을 잡으면 훼크비스트가 현지에서 박제를 한 뒤 즉시 본국으로 탁송했다.

그들이 도대체 얼마나 잡아갔을까에 대해서는 통계가 없지만, 이 책에 수록된 사진을 보는 것이 백문이 불여일견百聞不如一見이다. 이들이 잡은 짐승으로는 곰, 멧돼지, 산양, 꿩 등의 조류, 해조海鳥, 스라소니, 하늘다람쥐, 갑각류甲殼類, 어패류魚貝類 등 종류를 가리지 않았다. 그가 본국 스웨덴에 보낸 조류만 380종이었다니까 그 규모를

초등학교 학생들

미루어 짐작할 수 있다.

이들은 북부 지방에서의 사냥이 끝나자 지리산을 탐사했고 제주도에까지 건너가 야생 동물을 포획했으며, 신의주에 캠프를 차리고 압록강의 조류 생태를 조사했다. 이들은 당시에 쉐볼레Chevrolet를 타고 21개월 동안 전국을 종횡무진했다.

요시무라의 말을 빌리면 그는 한국에서 25년 동안 주로 꿩을 사냥했는데, 그가 잡은 꿩의 숫자는 대략 5만 마리 정도였고 하루에 가장 많이 잡은 것은 300마리 정도였다고 하니까 그 실력을 알 만하다. 그들은 매사냥海東靑을 시험해보기도 했으며 주로 최신형 장총을 이용했다. 멧돼지를 잡을 경우에 150kg 이하는 "쓸모없는 것"으로 처리했다.

얀콥스키의 표범 사냥

백두산 호랑이는 끝내 못 찾아

이쯤에서 독자들은, "그러면 그들이 백두산 호랑이를 잡았느냐?"고 묻고 싶을 것이다. 나도 이 점이 궁금했고, 필자인 베리만도 호랑이를 잡으려고 백두산 숲속을 헤맨 것이 두 차례나 되었다. 그러나 그는 끝내 백두산 호랑이를 잡아가지는 못했다. 탐문을 해본 결과 백두산 호랑이를 보았다는 사냥꾼은 가끔 있었지만, 잡지는 못한 것을 끝내 아쉬워하며 그는 백두산에서 내려온다. 그가 만난 사냥꾼들의 말에 따르면 이때 이미 호랑이는 멸종된 것 같았다.

베리만은 나쁘게 말하면 밀렵꾼이었지만 스스로 박물학자요 민속학자라고 자칭하고 있다. 따라서 이 글에는 간간이 일제 치하의 한국의 민속이 소개되고 있다.

어느 나라나 다 마찬가지이지만 민속의 핵심은 혼속婚俗과 장례이다. 우선 혼속에 대한 그의 글을 보면, 아기를 낳아 주는 아내(씨받이)가 별도로 있다는 것과 그와 정실부인의 사이가 매우 인간적이라는 것이 희한하게만 느껴진다고 기록하고 있다. 그 당시 씨받이의 시세時勢는 대체로 일화日貨 60~70엔이었다고 한다.(당시 1엔은 현재의 구매력으로 2만원 정도이다.)

그뿐만 아니라 한국의 남자들은 아내의 죽음을 그리 서러워하지 않는다는 것을 이해할 수가 없다고 그는 고백한다. 한국의 남자들은 아내가 죽으면 마치 새장가를 갈 수 있는 축복(?) 정도로 생각한다는 점에서 그는 동양 문화의 이해의 벽을 느끼고 있다.

수의壽衣를 보며 행복감에 젖어

서구인들의 눈에 비친 한국의 장례의 풍습은 우선 그것이 가세를 기울게 할 만큼 낭비적이라는 것을 지적한다는 점에서 공통적이다. 그러나 베리만은 한 걸음 더 나아가서 한국의 장례 풍속 가운데 자식이 부모의 죽음에 대비하여 관을 미리 장만해 두는 것이 효도로 인식되고 있고, 당사자는 장롱 속에 들어 있는 자신의 수의壽衣를 꺼내어 보면서 행복감에 젖는다는 것을 신기한 듯이 기록하고 있다.

부모의 상사喪事를 미리 준비하는 것은 몽골리안계의 공통된 습속인데, 아마도 북구라파인인 그로서 그것을 이해하지 못하는 것은 당연한 일이었다. 한국인 의식 속의 부모의 죽음은 헤어짐이 아니었으며, 따라서 수의나 관은 살아생전의 효도의 연장에 불과했을 따름인데 그는 이를 이해하지 못했던 것 같다.

우리는 일제 시대나 그 당시에 빚어진 민족적 비극을 원료나 노동력의 수탈 또는 민족적 자존심의 훼손 정도로 치부하는 경향이 있다. 그러나 이 책을 통하여 우리가 얻을 수 있는 교훈은 이미 그 당시에 엄청난 생태계의 파괴가 이뤄지고 있었다는 점이다. 다만 그것이 그 당시로서는 가시적이지 않았을 뿐이다. 지금의 시점에서 본다면 그것이 얼마나 끔찍스럽고 치명적인 착취였던가를 새삼 느끼지 않을 수 없다.

베리만

Sten Bergman (1895~1975)

1895. 10. 20.	스웨덴의 란세테르(Ransäter)에서 태어남
1914	스톡홀름에서 고등학교를 졸업 스톡홀름 대학에서 1917년 학사, 1925년에 석·박사 사이의 학위를 마침
1920	린드(Dagny Lindhe)와 결혼
1920~1923	캄차카를 탐사한 뒤 『캄차카에서의 3년간에 걸친 탐사 여행기』(1923)와 『캄차카를 가로지르는 개 썰매를 타고서』(1924)를 출판, 13개 국어로 번역됨. 『극동 지역의 수천 개의 섬』(1931)을 출판
1929~1930	쿠릴열도(Kuril)를 탐사
1935~1936	한국의 야생 동물을 포획함 『쿠릴열도의 새』(1931), 『캄차카에로의 다람쥐의 이동』(1931), 『멀리 떨어진 나라들로부터』(1934), 『동북아세아의 조류에 대한 연구 : 쿠릴열도의 조류의 생태·체계·분포』(1935), 『유명한 탐험 여행』(1939, 1941) 등의 저술을 남김 수집한 동물학적인 수집품을 스웨덴 국립자연사박물관에 기증함 린네(Linne) 메달을 받음

《해제》

서세동점기의 서구인과 한국인의 상호 인식

《 해제 》

서세동점기의 서구인과 한국인의 상호 인식

한국인은 다른 나라에 나가서
더 성공하는 민족이다.
그들이 고국에 있을 때 가난한 것은
너무나 학정虐政에 시달려
삶의 의욕을 잃었기 때문이다.[1)]
― 비숍I. B. Bishop

1. 서론

사람이 살면서 남의 눈을 의식하지 않고 산다는 사람도 있지만, 사회적 동물이라는 인간이 그렇게 살기는 쉽지 않을 것이다. 그것은 체면이나 자존심의 문제가 아니라 세상에서 나는 누구인가? 나는 어디에서 있는가? 하는 문제를 알려면 남이 보는 세상의 눈을 외면하고 살 수는 없다.

원시인들은 혈거穴居 생활을 하면서, 동굴의 입구가 동쪽인 줄로 알고 살았다. 그들은 동굴의 입구가 먼저 밝아오니 "동트는 아침에" 동굴의 입구가 당연히 동쪽인 줄 알았다. 그러나 난방이 없고 일조량이 필요하던 원시인들의 혈거는 대부분 남향받이였다. 이와 같이 생

1) Isabella B. Bishop, *Korea and Her Neighbors* (New York : Fleming H. Revell, 1897), p. 225; 신복룡(역주), 『조선과 그 이웃 나라들』(서울 : 집문당, 2020). pp. 228-9.

활 주변의 오견으로 말미암아 생기는 허구虛構를 베이컨Francis Bacon은 "동굴의 우상"*idola specus*2)이라고 표현했다. 우리의 삶에서 이런 허구가 어찌 원시인의 동굴에서만 있는 일이겠는가?

한국이 자리 잡고 있는 지정학적 위치가 궁벽한지 아니면 요충인지에 대해서는 시대에 따라 다르기 때문에 한 가지로 대답하기는 어렵지만, 우리에게는 분명히 주자학의 중화적 세계관에 시력을 잃고 세상을 희미하게, 또는 대롱을 통해서 세상을 바라보듯[管見] 하던 시절이 있었으니, 그것도 일종의 동굴의 우상 같은 것이었다.

그러다가, 우리가 바랐든 바라지 않았든, 그 결과의 호오好惡를 떠나, 서구 또는 기독교라는 문명이 우리에게 엄습했다. 고마운 일도 많았지만, 서글픈 일이 왜 없었겠는가? 그 엄습해온 무리는 어떤 형태로든 많은 글을 남겼다. 그 글에 불편한 진실들이 많았지만, 우리에게 그 글은 좋은 거울이 되었다.

그러나 그와 같은 글을 읽는 "회상回想 여행"에는 우리가 조심해야 할 다음과 같은 몇 가지 전제가 있다.

첫째로, 우리는 저들의 지적이나 충고를 겸허하고도 빈 마음으로 경청할 필요가 있다. 자기 나라의 역사는 흔히 연민이나 아니면 미화에 빠질 위험이 있다. 이럴 경우에 남의 눈에 비친 우리의 모습은 우리가 미처 생각하지 못한, 그래서 우리가 놓쳐버린 모습이 생생하게 재현되는 경우가 있다. 따라서 그들의 눈에 비친 우리의 모습은 또 다른 거울을 통해 우리를 보는 것과 같다.

---

2) Francis Bacon, *Novum Organum : Great Books* Series(Chicago : Encyclopaedia Britanica, Inc., 1975), p. 109.

둘째로, 우리는 제삼국인이 우리에 관해 쓴 견문기를 읽으면서 호기심에 빠진 나머지 그들이 우리를 어떻게 보았느냐에만 몰두하다가 우리가 그들을 어떻게 보았느냐를 읽는 데 소홀해서는 안 된다. 역사란 결국 도전(challenge)과 응전(response)이며,[3] 주체적인 자각 과정이기 때문에 더욱 그렇다.

셋째로, 서양인이 본 우리의 모습을 읽으면서 우리는 저들의 백색우월주의를 경계해야 한다. 비교문명사의 시각에서 어느 문명이 다른 문명보다 우수하다거나 열등하다고 설명하는 것처럼 위험한 것은 없다. 브로드웨이의 무대에서 펼쳐지고 있는 휘황한 춤은 그 본질에서 아프리카 원주민의 춤보다 결코 우월하지 않다. 따라서 서구 문명에 매몰되어 우리의 것을 비하하는 것은 우리의 문명에 대한 과찬과 미화로 말미암아 다른 문화를 비하하는 것보다 더 위험한 일이다.

넷째로, 우리는 백여 년 전에 일어난 서양과 우리의 만남, 그리고 그 길항拮抗 과정이 지금의 우리에게 주는 교훈이 무엇인가를 끊임없이 자문해야 한다. 역사학은 철학이며 따라서 교훈이다.[4] 그 교훈을 소홀히 했을 때 그 비극은 반드시 되풀이되었다.

2. 서세동점의 동기

한말에 조선에 왔던 외국인들의 기록을 공부하다 보면, 서방 세계에서 조선에 대해 최초의 기록을 쓴 사람은 도대체 누구일까? 라는 호기심에 빠지게 된다. 문헌에 따르면 그 사람은 아라비아의 코르다드

---

3) A. J. Toynbee, *A Study of History*, Vol. I(London : Oxford University Press, 1973), p. 271.

4) Oswald Spengler, *The Decline of the West*, Vol. I(New York : Alfred A. Knopf, 1932), p. 41.

베드Khordadbeth였다.[5] 그는 9세기경에 『도로 · 지방지』*Book of Road and Province*라는 책을 쓰면서 조선을 최초로 기록했다는 얘기가 「전설처럼」 전해지고 있다.

아마도 코르다드베드는 실크 로드를 타고 동방(중국)을 다녀갔거나 아니면 대상隊商들의 얘기를 듣고 중국사를 쓰면서 그 어느 언저리에 조선에 관한 얘기를 언급했던 것 같으나 아랍어로 쓰인 것이기 때문에 서구인들이 조선을 이해하는 데에는 별로 도움이 되지 못했다.

그와 같이 구독이 어려운 저술을 논외로 한다면 역사서로서 한국을 가장 먼저 거론한 서양의 저술은 아마도 하멜Hendrick Hamel이 1668년에 발표한 『조선 표류기』*Narrative and Description of the Kingdom of Korea*일 것이다. 이 글은 하멜로부터 시작하여 드레이크H. B. Drake가 쓴 『일제 시대의 조선 생활상』(*Korea of the Japanese*, 1930)에 이르기까지의 23권에 비친 우리 선조들의 모습과 이 글을 통하여 우리 선조들의 눈에 비친 서양의 모습을 그려보고자 하는 것이다.

이 글의 모두冒頭에서 우리는 먼저 서구인들이 왜 한반도를 기웃거리기 시작했는가를 살펴보아야 한다. 다양한 이유가 있겠지만 적어도 다음과 같은 몇 가지로 요약될 수 있을 것이다.

1) 서부 개척 시대의 여진餘震

서양인들이 극동, 특히 조선을 기웃거리기 시작한 것은 17세기 초엽부터였다. 그 당시만 해도 미국은커녕 영국도 아직 해상 강국으로

---

5) William E. Griffis, *Corea : The Hermit Nation* (New York : Charles Scribner's Sons, 1907), p. 2 : 신복룡(역주), 『은자의 나라 한국』(서울 : 집문당, 2020), p. 38.

자리 잡지 못한 때였기 때문에 극동을 찾아온 해상 국가로서는 네덜란드가 가장 많았고, 그다음으로 포르투갈과 스페인이었다. 그러나 이들은 19세기에 들어오면서부터 앵글로-색슨계에게 밀리기 시작했고 특히 미국이 강세를 보이기 시작했다.

따라서 정확하게 구분하자면 한국인의 대對서구 인식이라는 것은 영국 · 네덜란드 · 독일 · 프랑스 · 스웨덴 · 이탈리아 등의 유럽 강국과 러시아 그리고 미국으로 나누어 설명할 수 있지만, 그 영향력이나 빈도수 그리고 인원수로 볼 때 한국인의 대서구 인식의 대부분은 대미 인식과 크게 다르지 않았고 미국과 서구를 구분하여 생각하지 않았다.

미국의 대극동 정책은 1823년에 먼로James Monroe 대통령이 발표한 소위 먼로주의Monroe Doctrine 에 기초하고 있어서 19세기 후반에 이르기까지 해외 개척에는 별다른 관심이 없었으며 극동 문제에 관하여는 더욱 그러했다. 19세기 후반 이전까지 미국의 실업가들은 국내 시장을 개척하는 데 여념이 없는 동안 해외에서 상업적인 기회를 상실한 것에 대하여 후회하지 않았다.

그러나 시간이 흐름에 따라 그들의 국내외적 여건은 고립주의만을 고수할 수 없도록 만들었다. 곧, 19세기 말엽 잉여 제품을 처리하는 문제와 축적 자본을 투자해야 하는 문제에 직면하게 되었을 때 그들은 자기들의 외교 정책이 결함을 내포한 것을 깨닫고 태도를 바꾸기 시작했다.[6] 그리하여 그들은 하와이와 필리핀을 거쳐 극동으로 눈길을 돌리게 되었다.

---

6) 이보연(외 공역), 『미국정치외교사』(서울 : 을유문화사, 1968), p. 190.

서부 개척 시대가 끝나자 서부 해안에 집결한 개척자들은 바다 건너를 응시하게 되었고, 다른 열강들의 입장과 마찬가지로 광대한 상품 시장으로서의 청국淸國에 대한 진출을 모색하기 시작했다. 그러나 청이 열강의 표적이 된다는 것은 단순히 청에만 국한되는 문제가 아니었으며, 부수적으로 인근에 있는 일본 · 조선 · 대만에까지 외교 문제를 확산시키기에 이르렀다.

미국의 대청 수출의 중요 품목은 목화였다. 목화의 중국 수출은 1791년부터 시작되었다. 아편전쟁 이후 무역이 확대됨에 따라 1842년에 미국의 물품을 실은 상선이 광동廣東으로 직행했다. 이러한 상황에서 지금이야말로 미국이 일본 · 조선과 통상해야 하는 절호의 기회라는 생각이 몇 사람의 머릿속을 비추기 시작했다. 그들이 조선을 개항함으로써 얻을 수 있는 소득으로서는 다음과 같은 것들이 있었다.

(1) 미국의 선박들이 조선의 근해에서 조난을 겪었을 경우 선원이 박해를 받지 않고,[7)]

(2) 미국의 상선이 청과의 통상을 위해 왕래할 때 식수나 식량 등의 보급을 위해 조선에 기항지를 얻어 두어야 하며,

---

7) "United States Steamer Wachusett, Wachusett Bay, Near Mouth of River Tai-Tong"(January 24, 1867), Park Il-keun(ed), *Anglo-American Diplomatic Materials Relations to Korea, 1866-1886*(Seoul : Shinmundang, 1982), pp. 882-883(이하 *AA Materials*로 약기(略記)함); No. 9 : "Mr. Fish to Mr. Frederick F. Low, Department of the States"(April 20, 1870), *AA Material*, p. 837; "Claim against Corea on Account of the Destruction of the General Sherman"(July 24, 1885), No. 118, G. M. McCune and J. A. Harrison(ed.), *Korean-American Relations*, Vol. I(Berkeley and Los Angeles : The University of California Press, 1950), p. 47; H. G. Appenzeller, "The Opening of Korea : Admiral Shufeldt's Account of It," *Korean Repository*, Vol. I(February 1892), p. 60.

(3) 소위 "은자隱者의 나라"에 대한 호기심과 탐험심이 작용했으며,[8]

(4) 동방의 "미개한 땅"에 그리스도의 복음을 전한다는 백색우월주의가 작용하고 있었다.[9]

미국이 이곳에 접근하게 된 동기는 다른 열강, 이를테면, 영국 · 프랑스 · 러시아와는 달리 영토의 야욕은 없었다는 점을 그 특색으로 한다. 미국의 극동 정책은 적어도 대스페인 전쟁이 발발한 1898년까지는 대체로 상업적인 것이었다. 미국으로서는 수호修好와 상업적 기회 균등이 그들의 소망이었다.

따라서 서구인들, 특히 미국인들의 대한 접근에서 우리가 특별히 유념해야 할 사실은 미국에 대한 한국의 의미라는 것이 그리 중요한 것이 아니었으며 다만 중국이나 일본에 대한 종속 변수였다는 점이고, 이러한 사실은 그 뒤의 한미관계사를 이해하는 중요한 키워드가 되고 있었다.

2) 일확천금의 꿈

서구라파의 어느 열강보다도 대한 접근에 열성적이었던 미국의 대극동 및 대한 정책의 기조는 미국의 남북전쟁 이후에 이어지는 서부 개척 시대의 황금 질주Gold Rush에 따른 서진 운동Westward Movement의 맥락에서 살펴보아야 한다.

---

8) 渡邊勝美, 「鮮米修好通商條約交涉史」, 『普專學會論集』(2)(서울 : 普專學會, 1935), p. 174.
9) 盧啓鉉, 『한국외교사연구』(서울 : 해문사, 1968), p. 42.

1860년대에 남북전쟁이 끝나고 귀향 군인들에게는 생업의 어려움과 삶의 무료함이 동시에 찾아왔다. 황금 질주의 종착지인 서해안에 도착한 서부 개척자들의 앞에 펼쳐진 것은 드넓고 검푸른 바다뿐이었다. 그들은 호기심과 모험심을 견딜 수가 없어 동방으로 향하는 배에 몸을 실었다.

이 무렵에 동방으로부터 들려오는 소문은 그들의 좌절된 개척 정신을 자극하기에 충분했다. 초기 개척자들의 기록 가운데 서방인들의 귀에 가장 크게 들린 대목은 한국의 물산이 풍부하다는 점이었다. 그 소문은 다소는 과장되고 다소는 허황된 정보였다.

꼬리가 3피트에 이르는 닭이 있으며, 아주 키가 작은 조랑말果下馬이 있다는 소문도 들려왔다. 조선에서는 우수한 모피와 종이가 있을 뿐만 아니라 유약이 발달하여 도자기가 아름답다는 말도 들렸다. 특히 땅은 비옥하고 인삼人蔘이라는 영약靈藥이 있다는 점도 빼놓지 않았다.

개척자들이 전하는 말에 따르면, 한국에는 여우의 꼬리털로 만든 붓이 명품이며 각종 해산물이 풍부하다는 것이었다. 금이 풍부하여 심지어는 옷의 장식까지도 금으로 입혀 입었다고 그들은 기록하고 있다. 장례식은 매우 호화로우며 많은 부장품을 함께 묻는다는 대목도 서구인들의 귀를 쫑긋하게 만들었을 것이다.

이때로부터 한국의 왕릉은 약탈의 일순위 대상으로 떠오르게 되었다. 아직 산업 자본의 시대에 돌입했다고는 볼 수 없는, 그래서 정금正金을 최고의 가치로 평가하던 상업 자본의 시대에 동방에서 들려 오는 소문은 모험가들을 설레게 하기에 충분했다. 그들은 아마도

조선이야말로 동방의 엘도라도El Dorado 쯤으로 생각하고 있었던 것 같다.[10]

개척자들은 일확천금의 꿈에 젖어 있을 뿐 조선이 어디에 있는지도 구체적으로 모르고 있었다. 미국의 프런티어들보다 한 세대가 늦은 비숍I. B. Bishop의 경우를 보면, 그가 1894년 겨울에 조선으로 배를 타고 떠나려 할 때 어떤 사람들은 코리어(Korea)가 적도赤度에 있다느니 지중해나 흑해黑海 쯤에 있을 것이라고 생각하는 사람들이 많이 있는가 하면, 그리스의 에게해에 있는 다도해에 있을 것이라고 생각하는 사람들도 있었다.[11]

국적이 다르기는 하지만 그러한 일확천금의 꿈에 가장 도취되었던 인물은 프러시아 출신의 유대 상인이었던 오페르트Ernst J. Oppert일 것이다. 그는 한국의 개화사를 얘기할 때면 가장 흔히 인구에 회자膾炙되면서도 그 명성에 비하여 부정확하게 알려진 대표적인 인물이다.

오페르트는 대원군大院君의 아버지인 남연군南延君 묘의 도굴범이었다는 오명으로 말미암아 그의 올바른 명성이 모두 묻혀 버렸다. 그는 동양 인종에 관하여 누구보다도 해박한 인류학의 지식을 가지고 있었고, 쇄국으로 말미암아 세계 대세를 외면하는 한국의 지배자에 대해 짙은 연민을 가지고 있었다.

한국에 대해 서방에 알려진 바가 없던 1860년대에 이미 한국의 역

---

10) Du Halde, *Geographical Observations on the Kingdom of Corea in General History of China* (London : J. Watts, 1741), p. 425; 신복룡(역주), 『조선전』(서울 : 집문당, 2020), p. 46; Isabella B. Bishop, *Korea and Her Neighbors*, pp. 17-18; 신복룡(역주), 『조선과 그 이웃 나라들』, pp. 8-9.

11) Isabella B. Bishop, *Korea and Her Neighbors*, p. 11; 신복룡(역주), 『조선과 그 이웃 나라들』, p. 1.

사 · 언어 · 풍습 · 제도에 대해 깊은 이해를 가지고 있었던 오페르트는 어쩌면 굴절된 한국 근대사의 가장 억울한 희생양인지도 모른다. 왕릉을 도굴했다는 죗값으로 오페르트의 모든 공덕이, 이를테면 개항 초기에 조선의 문물을 서방 세계에 소개한 그의 노작, 『금단의 나라 조선』(*A Forbidden Land : Voyage to the Corea*, 1880)이 가지는 가치가 묻혀 버린다는 것은 참으로 안타까운 일이다.

3) 복음 전파라는 이름의 백색우월주의

조선에 들어온 서구인들의 분포로 볼 때 선교사들이 가장 많았던 것은 결코 우연한 일이 아니다. 서구의 역사학이 가지는 가장 큰 위험은 서구라파야말로 세계사의 굳건한 축이며 문명은 이 축을 중심으로 회전하고 있다는 확신이었다.[12] 그러한 문명의 중심지에 서 있는 그들의 눈에 비친 조선의 모습은 바알신Baal의 나라와 같았으며, 마치 양치기 없이 황야에서 길을 잃어 기운이 없고 배고프며 죽을 지경이 된 양과 같았다.[13]

그들은 무례하게도 "조선에는 종교가 없다"[14]고 단언하면서, 한국에서의 선교 사업이란 마치 "여리고Jerico로 가는 길"(루카복음 10 : 30-37)과 같았다고 고백하고 있다.[15] 다음의 글은 당시의 선교사들

---

12) Oswald Spengler, *The Decline of the West*, Vol. I, p. 17.

13) Lillias H. Underwood, *Fifteen Years among the Topknots* (Boston : American Track Society, 1904), p. 10; 신복룡 · 최수근(역주), 『상투의 나라』(서울 : 집문당, 2020), p. 10.

14) Isabella B. Bishop, *Korea and Her Neighbors*, p. 21; 신복룡(역주), 『조선과 그 이웃 나라들』, p. 11; Lillias H. Underwood, *Fifteen Years among the Topknots*, p. 9; 신복룡 · 최수근(역주), 『상투의 나라』, p. 9.

15) Lillias H. Underwood, *Fifteen Years among the Topknots*, p. 66; 신복룡 · 최수근

이 한국인을 어떻게 인식하고 있었는가를 잘 보여 주는 예증이 되고 있다.

> 낡아빠진 사회적 조건, 말할 수 없는 구습, 고칠 수도 없고 개혁할 수도 없는 동양적 사고, 그리고 중국을 하나로 묶어 주는 인종적 강인함도 없이 중국을 우스꽝스럽게 따라 하기만 하는 이 땅에 서양의 토양에서 쓰던 홀씨가 떨어졌다. 거친 흔들림으로 말미암아 몇 세기에 걸친 잠에서 깨어나 반쯤은 겁에 질리고 정신이 완전히 빠진 이 연약하기 이를 데 없는 독립 국가는 강력하고 야심만만하고 침략적이며 항상 꼼꼼하지도 못한 열강의 대열 앞에 자신이 서 있음을 발견하고 있다.[16)]

선교사들의 우월주의는 선교의 어려움에 대한 구실로 나타난다. 게일J. S. Gale의 말을 빌리면, 한국에서의 어려움은 의자가 아닌 온돌에서 살아야 하는 불편함, 뜨거운 온돌방의 생활, 냄새나는 음식, 외국인을 구경거리로 생각하는 지나친 호기심, 해충으로부터의 무방비한 주거, 비위생적 생활에서 오는 질병, 언어의 불통 등이었다.[17)]

이러한 불평에는 한민족에 대한 비하가 가시처럼 돋아 있다는 데 문제가 있다. 예컨대 온돌이나 바닥 잠, 또는 냄새나는 김치의 문제는 문화의 차이이지 결코 비난받아야 할 이유가 없는 것이며, 위생이나 해충의 문제에는 서구 문명의 교만이 들어 있다.

(역주), 『상투의 나라』, p. 77.

16) Isabella B. Bishop, *Korea and Her Neighbors*, p. 22; 신복룡(역주), 『조선과 그 이웃 나라들』, p. 12.

17) James S. Gale, *Korea in Transition* (New York : Eaton and Mains, 1909), pp. 166-171; 신복룡(역주), 『전환기의 조선』(서울 : 집문당, 2020), pp. 136-138.

그러나 서구의 선교사라고 해서 모두가 한국을 야만시하거나 백색 우월주의에 사로잡혀 있었던 것은 아니다. 예컨대, 감리교계 목사였던 알렌H. N. Allen은 포교를 표면적으로 내세운 적이 전혀 없었다는 점에서 대단한 인내심을 가진 인물이었다. 그는 여느 서구인들처럼 한국의 무속을 야만시하지도 않았으며 되도록이면 그것을 이해하려고 노력했다.

그는 오히려 조선에서의 기독교 포교는 선교사들에게 더 많은 문제가 있다고 생각했다. 예컨대 어느 선교사가 우상을 믿는 국왕을 회개시켜야 한다고 법석을 피우다가 추방당하는 모습을 보면서 기독교의 근본주의적 경직성을 개탄하고 있으며, 우상 파괴라는 이름으로 전통 문화를 비난하는 선교사들의 지각없는 처사를 우려하기도 했다.[18]

서구인들의 이러한 우월적 인식은 그 뒤 시대의 선교, 곧 기독교의 토착화 문제의 걸림돌이 되었다는 점에서 비극적이었다. 그들은 한국인의 주요 의식儀式들을 우상 숭배라는 이름으로 금기시했고, 그러한 교조주의적 독선에 동의할 수 없던 많은 한국인이 교회를 떠났거나 아직도 교회 밖에서 서성거리고 있다. 이것은 아마도 진정 그리스도의 뜻이 아닐 것이다.

18) Horace N. Allen, *Things Korean* (New York : Fleming H. Revell, 1908), pp. 173-175; 신복룡(역주), 『조선견문기』(서울 : 집문당, 2020), pp. 152-153.

3. 서양인이 본 조선

1) 한국의 정치에 대한 인식

사회를 운용하면서 정치가 최고의 덕목은 아니지만, 그 사회를 평가하는 첫 번째 기준으로 정치를 보는 것은 그리 이상한 일이 아니다. 따라서 대부분의 한국 견문기들에서 한국의 정치에 대한 평론은 흔히 읽을 수 있는 주제이기는 하지만 그 내용은 그리 아름답게 묘사되지 않았다. 그들의 글에 나타난 조선의 정치적 모습은 늘 가련했다. 예컨대 대한제국 멸망기에 조선 주차 미국 공사를 지낸 알렌의 글은 이렇게 되어 있다.

> 불쌍한 조선 사람들이여! 그대들은 너무도 오랫동안 무사안일의 세월을 보내왔다. 아마도 조선의 땅이 남의 나라에 의해 멸망한 것이 아니라 지진과 화산에 의해 폐허가 되었더라면 조선은 벌써 곤한 잠 속에서 깨어났을지도 모른다. 그러나 조선 백성들이 잠자고 꿈꾸며 세상사에 개의치 않는 동안에 조선의 오랜 적국인 일본인은 지금 당신들이 보고 있는 낯선 서양 사람들의 기술을 배우기에 분주했으며, 당신들의 선왕이 쌓은 저 요새로 뚫린 옛길을 기어오르고 있다.
>
> 기술을 배운 뒤에 일본인들은 지난날 자기들에게 문명을 전승해준 스승의 나라를 정복했으며, 원기 왕성해진 지난날의 제자가 당신의 국토를 넘보는 차제에, 한때는 저들의 선생이었으나 지금은 늙어 퇴역이 된 현 왕조에 여러분들은 무엇을 더 이상 기대할 수 있겠는가? 이제 잠을 자고 있을 때가 아니다. 꿈의 시대가 지나갔고 이제는 날카로운 생존 경쟁 속에서 생존을 위한 투쟁이 닥쳐오고 있다.[19]

서구인들이 가장 안타깝게 생각하는 것은 학정虐政이었다. 가렴주구의 형태 가운데는 강제 노역, 합법적인 세금의 양을 두세 배로 늘리거나, 강제로 대부금의 상환을 요구하거나 소송의 경우에 가혹한 뇌물을 요구하는 등의 방법이 있었다.

가령 어느 사람이 조금만 돈을 모았다고 알려지면 관리들은 그것을 빌려 달라고 요구했다. 만약 그 요구를 받아들여 돈을 빌려주면 빌려준 사람은 원금이나 이자는 받을 수 없는 경우가 허다했고 만약 거절하면 체포되어 구금되며 당사자는 그의 친척이 그 돈을 낼 때까지 구타당했다.

이럴 정도로 가렴주구가 심하므로 겨울에 추위가 심한 북쪽 지방의 농부들은 수확한 뒤에 현금이 생기면 땅에 구멍을 파고 돈을 집어넣어 그 위에 물을 붓고 얼린 다음 그 위에 흙을 뿌렸다. 그렇게 해야 관리와 도적들에게서 벗어나 안전하게 그 돈을 지킬 수 있기 때문이었다. 서구인들이 보기에 조선 사람들에게는 희망이 없었다.[20]

특히 갑오동학농민혁명甲午東學農民革命을 직접 목격한 비숍의 시선은 한국의 민중에 대하여 더욱 동정적이다. 그의 목격담에 따르면, 관리의 강제 징수가 참을 수 없고 생필품을 제공하는 수단마저 잠식될 때면 농부는 권리 구제의 유일한 방법으로 무력에 호소한다. 반항의 방법으로는 그를 쫓아내거나 가끔은 포악하고 참을 수 없는 관리들을 죽이기도 했다.

나쁜 평판을 많이 얻은 수령의 아전들을 장작더미에 올려놓고 태

---

19) Horace N. Allen, *Things Korean*, p. 59; 신복룡(역주), 『조선견문기』, p. 41.
20) Isabella B., *Korea and Her Neighbors*, pp. 330, 336-337; 신복룡(역주), 『조선과 그 이웃 나라들』, pp. 322, 328-329.

워 죽이는 일이 있었다. 비록 분노가 절정에 이르면 폭력의 행위가 벌어지는 경우가 있기는 하지만 그들의 폭발은 항상 정당한 것이었고 효과적인 항변이었다. 그가 보기에 갑오동학농민혁명은 "무장한 개혁자"(armed reformer)의 봉기였다.[21]

또 한 가지, 일제 식민지사학은 지금까지 남아 있는 내부 식민지사학에서 그토록 비하 받고 있는 당쟁黨爭에 대한 그리피스W. E. Griffis의 해석은 많은 시사示唆를 준다. 그는 결코 당쟁을 미화하지는 않았지만 그렇다고 해서 당쟁을 한국만이 가진 정치의 해악害惡이라고 표현하지도 않았다. 당쟁에 나쁜 점이 있었다면 그것은 원초적으로 정치라는 행태에서 빚어지는 악습이지 한국의 당쟁에서만 유별나게 나타나는 현상은 아니라는 것이 그의 설명이었다.

따라서 당쟁은 서구의 초기 민주주의 과정에서 흔히 있었던 정치적 투쟁이오, 권력을 잡고자 하는 방편이었을 뿐이며 이런 점에서 서구의 정당 정치와 다를 것이 없다는 것이었다. 오히려 시역弑逆과 패륜이 난무하는 서구의 정치사에 견주면 조선조의 당쟁은 어느 정도의 도덕성과 나름의 게임의 법칙이 있었다고 그는 결론짓고 있다.[22]

2) 인종人種과 성정性情

지구상의 모든 민족에게는 그 나름의 신화가 있다. 그런데 그 신화라는 것이 때로는 비논리적이고 비과학적임에도 불구하고 각 민족은

---

21) Isabella B. Bishop, *Korea and Her Neighbors*, pp. 179–180, 337; 신복룡(역주), 『조선과 그 이웃 나라들』, pp. 174, 328.

22) William E. Griffis, *Corea : The Hermit Nation*, pp. 224–229; 신복룡(역주), 『은자의 나라 한국』, pp. 306–314.

요지부동으로 그에 경도하는데, 이를테면 한국인의 경우에 나타나고 있는 단일 민족의 신화일 것이다. 개항기에 이 땅에 들어온 서구인들은 한국인들이 지나치리만큼 단일 민족이라는 사실을 강조하는 데 대하여 놀라움을 금치 못하면서 이에 대한 이의를 제기하고 있다.

예컨대 알렌은 아마도 미국의 원주민들이 조선 사람과 동족이라고 주장한 최초의 학자일 것이다. 그는 유럽인들이 출현하기에 앞서 많은 몽골리안이 알류산열도Aleutian Is.와 알래스카Alaska 해안을 따라 태평양을 횡단하여 미주 연안에 도착했다고 생각했다. 1888년에 워싱턴 주재 조선 공사관公使館의 모임에서 당시 니카라과 공사公使는 조선 사람들이 자기 나라에서 교육받은 원주민과 매우 비슷한 데 놀랐다고 말했다.[23)]

한국의 인종 문제를 거론하면서 그 내용을 좀더 진척시켜 한국인들이 다민족의 혼혈이라고 주장한 사람은 오페르트와 새비지-랜도어A. H. Savage-Landor였다. 단일 민족이나 단군檀君의 자손 등의 어휘에 익숙해 있는 우리에게 이러한 주장은 다소 충격적일 수 있다.

그들의 주장에 따르면 우리 민족은 북방의 몽골리안족이 주종을 이루고 있는 것은 사실이지만 그 밖에도 중앙아세아의 혈통이 많이 혼혈되어 있으며, 그 특징은 각기 다른 피부 색깔과 체형에서 잘 나타나고 있다.

그뿐만 아니라 우리에게는 남방계의 피도 많이 섞여 있는데 이는 왜소한 체형을 가진 남부 지방 사람에게서 잘 나타나고 있다. 그들은 이와 같은 사실을 입증하기 위해 그림 솜씨를 발휘하여 각기 특징적

---

23) Horace N. Allen, *Things Korean*, p. 73; 신복룡(역주), 『조선견문기』, p. 84.

인 두상과 체형을 삽화로 묘사한 것이 흥미롭다.[24)]

문화인류학적으로 볼 때 오페르트나 새비지-랜도어의 이와 같은 기록은 매우 주목할 만하다. 한민족이 단일 민족이라는 것은 비학술적 신화에 지나지 않는 것이며, 정확하게 말하면 우리 민족은 적어도 30여 인종의 혼혈로 이뤄지고 있다는 것은 생태학적으로 이미 정설이 되어 있다.

예컨대 우리 사회에는 남방계의 두드러진 점이라 할 수 있는 쌍꺼풀이 있는 사람이 많다. 2만 년 전의 민족 이동 당시에 영하 50°의 추위를 견뎌야 했던 북방계로서는 안구眼球의 보호를 위해 눈꺼풀이 두꺼울 수밖에 없었고 따라서 쌍꺼풀이 나타나지 않는다. 말총머리는 북방계이며 고수머리는 남방계이다. 얼굴이 희멀건 사람은 서방계[중앙아시아계]이며, 검은 사람은 남방계이다. 높은 광대뼈는 북방의 혈통이다.

체형體型도 매우 다르다. 북방계는 다리가 긴 대신에 팔이 짧고 남방계는 팔이 긴 대신에 다리가 짧다. 그러므로 앉아 있을 때는 남방계가 커 보이며 서 있을 때는 북방계가 커 보인다. 생활 습속을 보면, 서양 사람들이 고양이 세수를 하지만 몽골리안들은 투레질을 하면서 목 뒤까지 씻는다.

들판에 나가서 고수레를 하는 것도 북방계 몽골리안에서만 나타나는 현상이다. 단일 민족이라는 신화 속에 오랫동안 살아온 우리에게

---

24) A. Henry Savage-Landor, *Korea : The Land of the Morning Calm* (London : William Heinemann Co., 1895), pp. 45–48; 신복룡(역주), 『고요한 아침의 나라 조선』(서울 : 집문당, 2020), pp. 44–47; Ernst Oppert, *A Forbidden Land : Voyage to the Corea* (New York : G. P. Putnam's Sons, 1880), pp. 4–16; 신복룡(역주), 『금단의 나라 조선』(서울 : 집문당, 2020), pp. 6–15.

는 이런 것들이 예사롭게 보였지만, 세상의 온갖 인종을 만나 본 화가인 새비지-랜도어의 눈에는 이러한 현상들이 예사롭게 보이지 않았다.

한국인의 성정性情에 대해서는 대체로 불결하고 사치하고 게으르다는 데 의견의 일치를 보이고 있다. 깔끔한 일본을 거쳐 내한한 서구인들이 한국을 돌아보고 가장 충격적으로 받아들인 것은 가난과 불결이었다. 그들은 이러한 한국인의 생활을 바라보면서 이 나라의 장래는 암담하다고 체념한다. 예컨대 비숍 여사가 더욱 절망한 것은 상류 사회의 사치와 방탕이었다.

그가 단양丹陽의 어느 토호의 집에 초대되었을 때 주인마님은 남아프리카의 다이아몬드 반지를 끼고 있었고, 남편은 스코틀랜드 위스키와 프랑스의 샴페인과 코냑을 두루 갖춘 채 영국제 시거를 물고 있었으며, 집안은 수단제 카펫을 깔고 벽에는 프랑스제 시계와 독일제 거울이 걸려 있고 탁자는 미국에서 수입한 것이었다.[25)]

그런데 비숍 여사는 한국인에 대한 자신의 이러한 묘사를 곧 후회한다. 그는 그러한 게으름이나 불결 또는 사치가 한국인의 진심이 아닌 것을 알았기 때문이었다. 곧 그는 러시아와 만주에서 이주한 조선 사람들의 활력과 인내를 보고, 그들이 집을 치장하거나 그들의 번영한 모습을 보고 난 후에 그는 조선 사람의 게으름을 기질의 문제로 여기는 것이 잘못되었다고 생각했다.

조선에 있는 남자들은 가난이 최고의 보신책이며 가족과 자신을

---

25) Isabella B. Bishop, *Korea and Her Neighbors*, pp. 88-89; 신복룡(역주), 『조선과 그 이웃 나라들』, pp. 82-83.

위한 음식과 옷을 필요 이상으로 소유한다는 것은 탐욕스럽고 타락한 관리에게 노출된다는 것을 잘 알고 있었다. 그가 보기에 조선 사람들은 "밖에 나가면 더 잘 사는 민족"이었다. 그들은 아무리 근면해 봤자 가렴주구로 말미암아 가난을 면할 수 없다는 체념 때문에 가난을 운명으로 알고 산다는 것이 비숍의 분석이었다.[26]

3) 사회적 습속 : 여성의 모습

서구인들이 한국에 와서 가장 연민을 느낀 대상은 여성의 삶이었다. 그들의 눈에 비친 조선의 여성들은 대개 아름답지 못했다. 비애, 절망, 힘든 노동, 병, 사랑의 부족, 무지, 그리고 너무나 빈번한 부끄러움 등은 그들의 눈을 흐리게 했으며, 그들의 얼굴을 무감각하고 상처투성이가 되게 했다. 헝클어진 머리카락이 목둘레에 흩어져 있었고, 얼굴은 굶주리고 더러운 인상을 주었다.[27]

서구인들이 한국의 여성을 보면서 더욱 인상 깊게 느꼈던 것은 그들의 얼굴에 나타나는 깊은 우수憂愁였다. 장옷을 덮어쓰지 않고서는 대낮에 외출할 수도 없으며, 밖에 볼일이 있으면 해가 진 후에야 몸종을 데리고 외출해야 하는 풍습 등이 그들의 눈에는 희한하게만 느껴졌다.

서구인들이 서울에 머무르고 있는 동안 길에서 마주친 여성들은 한결같이 갑자기 대문을 열고 집으로 들어가는 것을 보면서 왜 자신

26) Isabella B. Bishop, *Korea and Her Neighbors*, pp. 336-337, 445; 신복룡(역주), 『조선과 그 이웃 나라들』, pp. 351, 458.
27) Lillias H. Underwood, *Fifteen Years among the Topknots*, pp. 1, 11; 신복룡 · 최수근(역주), 『상투의 나라』, pp. 1, 11-12.

이 만난 여인들은 늘 자기 집 앞에 이미 도착해 있는지를 알 수 없었다. 그러나 알고 보니 그곳은 그 여인의 집이 아니었으며, 한국의 여성들은 외간 남자를 만나면 아무 집이나 자기 집처럼 일단 몸을 피한다는 것을 알고서야 영문을 깨달았다고 한다.[28)]

중동의 회교권의 여성에 결코 뒤지지 않는 이와 같은 은둔성隱遁性과 남편의 방종한 생활은 여인의 마음을 아프게 하고 있었다. 특히 상류층에 올라갈수록 사대부의 아내들은 정신 질환으로 고생하고 있는 사람이 많으며, 이런 점에서 그들은 하층민보다 결코 행복하지 않다고 지적한다.

차라리 하층민의 여성들은 거리를 활보하고 악다구니를 하며 인간적인 삶을 살고 있었다. 그러나 양반댁의 마님은 소실에 대한 질투를 안으로 삭여야 하고, 그 엄정한 법도 아래에서 참고 살아야 하고, 자식에 대해 부모로서의 권위를 포기해야 하는 과정에서 마음의 병이 깊어진다는 것이 그들의 관찰이었다.[29)]

몇 년 전에 세계정신의학회에서 한국의 여인에게만 독특하게 존재하는 그와 같은 마음의 병을 *hwat-byung*(홧병)이라는 고유 학명으로 기록한 일이 있는데, 이는 이미 백 년 전에 파란 눈의 외국인들에게는 선연하게 보이고 있었던 사실이었다.

조선 사람은 집house은 있으나 가정home은 없다는 저들의 지적은 참으로 음미할 만하다. 남편은 아내와 떨어져서 기거한다. 부부 사이

---

28) A. Henry Savage-Landor, *Korea : The Land of the Morning Calm*, pp. 59-60; 신복룡(역주), 『고요한 아침의 나라 조선』, pp. 57-58.

29) A. Henry Savage-Landor, *Korea : The Land of the Morning Calm*, pp. 59-77; 신복룡(역주), 『고요한 아침의 나라 조선』, pp. 57-73.

의 우정과 같은 관계나 애정의 표현 같은 것은 없다. 남자의 즐거움은 여자 친구나 기생을 통해서 얻어진다.

"우리는 아내와 결혼하지만, 첩과 사랑을 나눈다"라고 이야기한 조선 양반의 표현으로 그들의 결혼 관계를 간략하게 요약할 수 있다.[30] 다소 극단적인 표현을 빌리면, 한국의 딸들은 아버지에 의해 처형되며 아내는 남편에 의해서 살해된다고 이방인들은 생각했다.[31]

그런데 위와 같은 연민과는 전혀 달리 남존여비는 하층 사회에나 있었던 악습이었다고 주장하는 학자도 있다. 길모어G. W. Gilmore 목사가 바로 그이이다. 그의 지적에 따르면, 상류 사회의 가정에서는 남편이 아내에게 반드시 경어를 썼으며 결코 하대下待하지 않았다는 것이다.

여인이 천대받기는커녕 여성, 특히 내당 마님의 존엄성은 절대적이었으며, 한 가문의 영광이나 몰락은 그의 처신에 달려 있을 만큼 그의 존재는 막강했다고 지적하고 있다. 그가 겪어 본 바에 따르면, 여성이 비천한 대접을 받는 것은 주로 하층 계급에서나 볼 수 있는 현상으로서 한국 사회의 보편적 현상은 아니었다는 것이다.[32] 길모어의 이러한 관찰은 이 시대의 훼미니스트(feminist)들에게 시사하는 바가 있다.

---

30) Isabella B. Bishop, *Korea and Her Neighbors*, p. 343; 신복룡(역주), 『조선과 그 이웃 나라들』, pp. 356-7.

31) Isabella B. Bishop, *Korea and Her Neighbors*, p. 341; 신복룡(역주), 『조선과 그 이웃 나라들』, p. 354.

32) G. W. Gilmore, *Korea from it's Capital* (Philadelphia : Presbyterian Board of Publication and Sabbath-School Work, 1892), pp. 149-157; 신복룡(역주), 『서울풍물지』(서울 : 집문당, 2020), pp. 107-115.

4) 물산物産

한국의 물산에 대한 서구인들의 인식은 대체로 실망했다는 데 일치를 보이고 있다. 애당초에 들었던 소문이 과장되었던 터라 현지에 도착했을 때 더 실망했던 것으로 보인다. 국력을 투입하여 착취할 가치가 있을 만큼 부존자원이 풍부한 것도 아니었고, 생산성이 높은 것도 아니었다. 이와 관련해서는 다음과 같은 지적을 들어볼 필요가 있다.

> 만약 착취하는 아전과 강제 징수 그리고 관리들의 악덕한 음모를 철저히 금지하고 토지세를 공평하게 부과하고 법이 불법의 도구가 아니라 백성의 보호를 위한 것이 된다면 조선의 농부들이 일본의 농부만큼 행복하고 부지런하지 않을 이유가 없다고 나는 생각한다. 다만 거기에는 "만약"이라는 단서가 붙는다. 어떤 곳에서 번 것이든 간에 자신이 번 것을 안전하게 지킬 수만 있다면 지치고 무감각한 민족을 바꿀 수 있다고 나는 믿는다.[33]

결국 물산의 부족은 부존자원이나 근면의 문제가 아니라 인위적인 악행惡行 때문이라는 것이 목격자들의 공통된 견해였다. 그러한 가난 속에서도 한국인은 인정스럽고 친근감이 있다는 점을 그들은 지적하고 있다. 그 한 예로서 그는 한국의 여러 곳을 여행해 보았지만, 그 어느 곳에도 쓸 만한 여관이 없는 불편함을 피력하고 있다. 이것은 당시에 한국을 여행한 서구인들의 공통된 불평이었다.

왜 한국에는 여관이 없을까? 그들의 설명에 의하면 그것은 전적으

---

33) Isabella B. Bishop, *Korea and Her Neighbors*, p. 336; 신복룡(역주), 『조선과 그 이웃 나라들』, p. 351.

로 한국인의 인정人情 때문이라고 한다. 길을 가다가 날이 저물면 아무 집에나 들어가 밥과 잠자리를 요구할 때 이를 거절하는 법이 없는데 숙박업이 어떻게 발전할 수 있겠느냐고 반문한다.

이러한 인정은 여기에서 머물지 않고 산업 사회로 가는 길목에서 커다란 장애가 되고 있다고 헐버트Homer B. Hulbert는 지적한다. 즉 이 인정이 결국은 금전적 낭비의 원인이 되고 있다는 것이다. 이것은 때로는 허세일 수도 있고 낭비일 수도 있으며 노동의 신성함을 저해하는 요소로 작용했다.

헐버트는 한국에서 식객의 파렴치함과 그 수효에 놀라움을 표시하고 있다. 양반이 생산성을 높이는 데에 전혀 기여하지 못하는 결정적인 이유는 그들의 기생寄生하는 속성 때문이 아니라 그것을 용서하는 심정적 요소 때문이며 이러한 사조는 멀리 볼 때 결코 인정만으로 합리화될 수 없다고 서구인들은 지적하고 있다.[34)]

한국인의 물산에 대하여 서구인들이 아프게 지적하는 부분은 조선에서는 매우 우수하고 큰 소를 볼 수 있지만 우유 제품이 소용이 없다는 점이다. 적절한 영양가의 음식이 그토록 소망스러운 조선에서 우유를 먹지 않는다는 것이 그들에게는 더욱 신기할 따름이었다.[35)]

칼스W. R. Carles는 이러한 육류 단백질의 섭취를 스스로 포기하고 있는 한국인들의 장래를 걱정하고 있는데 이러한 지적은 후대의 우리가 주목해야 할 대목이다. 요즘에 와서 육류 소비가 콜레스테롤을 증

---

34) Homer B. Hulbert, *The Passing of Korea* (London : William Heinemann Co., 1906), pp. 37-38; 신복룡(역주), 『대한제국멸망사』(서울 : 집문당, 2020), pp. 42-43.

35) Horace N. Allen, *Things Korean*, pp. 121-122; 신복룡(역주), 『조선견문기』, p. 105; William R. Carles, *Life in Corea* (London : Macmillan Co., 1888), p. 109; 신복룡(역주), 『조선풍물지』(서울 : 집문당, 2020), p. 79.

가시킨다는 등의 배부른 소리를 하고 있지만, 인류의 역사를 살펴보면 어느 시대를 막론하고 그 시대에 육류 소비량이 가장 많았던 민족이 그 시대를 지배한 것만큼은 틀림이 없는 사실이었다.

로마가 그렇고 몽골이 그렇고 지금의 미국이 그렇다. 육식 민족이 당대의 역사를 지배할 수밖에 없는 중요한 이유는 그들이 채식 민족에 견주어 육체적으로 힘이 강인할 뿐만 아니라 성격도 더 공격적이기 때문이라는 점에서 보면 채식을 강조하는 것이 의학적으로는 맞는 말일지 몰라도 역사는 그렇지 않다.

우리 민족이 처음부터 채식 민족이었던 것은 아니다. 물론 남방계는 채식 민족이었던 것이 사실이지만 기마 민족이었던 북방계는 분명히 육식 민족이었다. 그러던 것이 7세기에 고구려가 멸망하고 유목 민족이 몰락하면서부터 우리는 농경 민족이 되었고 그 뒤 주식이 곡류로 바뀌면서 우리의 체내에는 육류를 소화할 수 있는 효소lactase가 퇴화하기 시작했으며, 이것이 민족의 열등화의 결정적인 계기가 되었다. 요즘의 기성세대 가운데 우유를 먹으면 설사를 하는 것은 바로 그러한 소화 효소의 퇴화 때문이다.

물산이 넉넉하지 않기 때문에 나타나는 현상으로서는 한국인의 탐식증貪食症을 지적하는 글이 많다. 그들은 조선 사람들이 지극히 대식가라는 사실을 여러 곳에서 목격했다. 한국인들은 영양을 만족시키고자 먹는 것이 아니라 포만감을 즐기기 위해서 먹는다.

먹는 훈련은 어릴 적부터 시작된다. 한 엄마가 그의 어린아이에게 밥을 먹인다. 그리고 많이 먹은 후에도 더 먹을 수 없으면 띠를 둘러 등에 업은 채 다시 더 먹인 다음 평평한 숟갈로 어린이의 배를 두드려 보고 다시 먹일 때도 있다. 몹시 가난한 사람들은 하루에 두 끼의 식사만 한다. 그러나 부유한 사람들은 하루에 세 끼나 네 끼의 식사를 한다. 이처럼 포식을 선호하는 것은 모든 계층에서 똑같다.

식사의 특징은 질이 아니라 양이며 어려서부터 가능한 한 많은 양의 식사를 하는 것이 인생의 목적이다. 좋은 환경의 사람들은 술을 마시고 많은 양의 과일과 열매 그리고 식사 사이사이의 짬에 과자를 먹는다. 그들은 마치 일주일 동안 굶은 것처럼 다음 식사에 먹을 음식에 이미 달라붙는다.[36] 세계어서 아침저녁의 인사를 "식사하셨느냐?"고 묻는 민족은 한국밖에 없다. 그만큼 굶주림에 익숙해 있었다는 뜻이다.

이러한 탐식증의 원인은 두 가지로 설명할 수 있는데, 첫째는 허세이며, 둘째는 가난한 사람들의 경우에 음식을 만났을 때 많이 먹어두는 것이 아사를 면하는 길이기 때문이었다. 고관대작의 집에 초대되었던 사람들은 한결같이 강요된 포식의 고통을 호소하고 있으며,[37] 가난한 사람들은 그러한 폭식을 통해 위장병이 만연하고 있음을 지적하고 있다.

5) 대외 관계 : 바다를 버려 나라를 잃었다

한 나라가 멸망하는 데에는 여러 가지 이유가 있을 수 있지만, 토인비A. J. Toynbee[38]나 맹자孟子는 "한 국가의 멸망은 결국 그들의 내재적

36) Isabella B. Bishop, *Korea and Her Neighbors*, p. 154; 신복룡(역주), 『조선과 그 이웃 나라들』, pp. 148-149.

37) A. Henry Savage-Landor, *Korea : The Land of the Morning Calm*, pp. 145-147; 신복룡(역주), 『고요한 아침의 나라 조선』, pp. 137-139.

모순에 의해 이뤄진다."[39]고 주장하고 있다. 그렇다고 하더라도 외세의 침략을 받았을 때 무력하게 무너지는 것은 결국 그 국가의 허술한 국방력 때문이며 특히 해상 방위를 소홀히 했을 때 그 국가의 장래를 장담할 수가 없다.

그런데 우리 나라의 전통적인 국가 방위 개념에는 바다를 지킨다는 것이 없었다. 심지어는 왜구倭寇나 서양 오랑캐의 욕심을 불러일으키지 않도록 고의적으로 해안을 황폐하게 했고, 밤이면 해안에서 불빛이 보여서는 안 되었으며, 섬에서 모든 주민을 철수시키는 이른바 공도空島 정책을 썼다.

연안 선박 이외에는 대양에 나갈 수 있는 함선의 축조도 법으로 금지되었다. 먼바다에 나가려면 바닥이 뾰족한 첨저선尖底船을 만들어야 파도로 말미암은 기울음으로부터 복원復元이 빠르고 속도를 낼 수 있는 법인데 모든 배를 바닥이 평평한 평저선平底船으로 만들어 대양 진출을 금지했다.[40]

외국인들의 기록에 따르면, 배의 갑판에서 바라본 조선의 해안 풍경은 너무도 황량하여 도무지 올라가 보고 싶은 마음이 들지 않았다고 한다. 이러한 현상은 조선 사람들이 자기네의 국토가 그렇게 보이도록 만들어 놓은 탓이었다. 이 나라에서는 부산釜山과 인천仁川 두 곳을 제외하고서는 외국과 통교通交하는 것을 허락지 않으며, 그 두 곳에서의 통교마저도 엄격한 제약을 받았다.

---

38) A. J. Toynbee, *A Selection from His Works* (London : Oxford University Press, 1978), pp. 57-62.

39) 『孟子』 離婁章句(上) : "國必自伐然後人伐之."

40) 신복룡, 『한국사에서의 전쟁과 평화』(서울 : 선인출판사, 1997), pp. 217-238.

또한 조정에서는 외국인들이 자기들의 국토에 상륙하여 입국하고 싶은 충동을 느끼지 못하도록 하고자 농부들은 연안의 언덕에 있는 나무와 숲을 모두 베어 버렸는데, 이렇게 함으로써 해안이 쓸쓸하고 매력 없는 모습으로 만들어 그곳을 지나가는 항해사들이 이 금단의 나라에 관심을 쏟지 못하도록 만들어 놓았다.[41]

그와 같은 쇄국의 일환으로 조선의 국왕이 취한 정책이 곧 금의 채광을 법으로 금하는 것이었다. 위정자들은 금이야말로 서구인들에 의해 자행되는 약탈의 제일 목표라는 점을 알고 있었기 때문이었다. 우리의 전통적인 용어로 보석상을 금방金房이라 부르지 않고 1960년대까지만 해도 은방銀房이라고 불렀던 것도 금을 은닉하려던 쇄국정책의 맥락에서 이해될 수 있는 부분이다.

한국의 이와 같은 해양 정책에 대하여 가장 먼저 이의를 제기한 사람은 아마도 네덜란드의 항해사 하멜H. Hamel이었을 것이다. 병자호란 직후의 북벌을 준비하던 시기에 표착한 하멜의 눈으로 볼 때 북벌을 하겠다는 사람들이 무사를 홀대하고 자신과 같이 해양 기술을 숙지하고 있는 사람들을 외면하는 현실을 납득할 수 없었다.[42]

이러한 의문을 제기할 수밖에 없는 것은 우리와 똑같이 난파 선원을 받아들인 일본은 난파 선원들로부터 조총의 기술은 물론 조선술과 항해술을 배워 이른바 난학(蘭學 : Dutch Science)이라는 독특한 학문 체계를 완성했고 이것이 근대 일본의 개명에 결정적인 역할을 했

41) Horace N. Allen, *Things Korean*, p. 50; 신복룡(역주), 『조선견문기』, p. 33.

42) Hendrick Hamel, *Narrative and Description of the Kingdom of Korea* (London : Luke Hansard and Sons, 1813), pp. 210-211; 신복룡(역주), 『하멜표류기』(서울 : 집문당, 2020), pp. 17-18.

으며, 우리와 관련하여 말한다면 그 난학이 조선 침략의 유용한 도구가 되었기 때문이다.

그렇다면 왜 한국인들은 바다로 진출할 생각을 하지 못하고 외국과 절연한 채 내밀한 삶에 몰두했을까? 그것은 당시의 지배 계급의 기본 인식이었던 모화사상 때문이었다. 이것은 일종의 집단자폐증과 같은 것이었다.

앞서 지적한 바와 같이, 동굴 속에 사는 사람들은 동굴의 입구가 동쪽인 줄로만 알고 살 듯이 한국인들은 문화의 통로를 북쪽에서만 찾는 동안에 바다를 버렸다. 삼면이 바다인 반도 국가가 바다를 버리고 대륙에 집착했다는 것은 드물고도 기이한 일이다.

4. 한국인의 눈에 비친 서양

한국인들은 유난히도 남의 시선을 의식한다. 그러므로 내가 그를 어떻게 인식하느냐의 문제는 묻혀 버리기 일쑤이다. 이러한 시선의 문제는 개항기에도 마찬가지였다. 아무리 불행한 역사의 민족이라 하더라도 그들의 과거의 어느 순간에 역사를 발전시킬 기회는 반드시 있었다.

이러한 논리를 조선조 멸망사에 대입해 본다면 우리는 서세동점의 시기에 지배 계급들이 주자학의 세계관에 눈이 어두워 그들에게 능동적이고도 긍정적으로 대응하지 못한 책임을 물을 수밖에 없다. 따라서 서양인들의 기록이 지금의 우리에게 주는 교훈은 당시 서구인들이 우리를 어떻게 인식하였는가의 물음에 있는 것에 못지않게 우리가 그들을 어떻게 보았느냐에 있을 것이다.

1) 섬뜩함xenophobia인가, 반가움xenophilia인가?

한국 근현대사의 쟁점 중에서 쇄국정책을 어떻게 평가할 것인가의 문제는 아직도 논쟁의 여지가 많아 단언하기 어렵다. 종래의 학설에 따르면 쇄국정책이란 대원군의 모화가 빚은 실수였다는 것이다. 그리고 그 바닥에는 외국인에 대한 기피 심리가 전제되어 있다. 그러나 과연 한국인들의 심층 심리에 외국인에 대한 기피 심리가 원초적으로 깔려 있었는지의 문제는 그리 간단하지 않다.

이에 대한 서구인들의 견해는 한국인들이 외국인에 대하여 호의적이었으며 결코 적대적이지 않았다고 증언하고 있다. 예컨대 서해안을 탐사한 영국의 탐험가 홀Basil Hall의 기록에 따르면 그 일행을 맞는 주민들의 태도가 한결같이 우호적이었다.

그가 서해안에서 만난 현감은 홀 일행과 함께 술까지 마시고 그들이 타고 온 알세스트호Alceste를 돌아보기도 했다. 현감이 단도에 깊은 관심을 보이자 선장은 이를 선사했다. 현감의 도포 소매는 여러 가지 선물로 묵직했다. 선상에 올라간 현감은 대포의 시범 발사를 요구했다. 18파운드의 함포를 조준하여 발사하자 일행은 놀라며 즐거워했다.[43)]

위와 같은 사실로 미뤄 볼 때 서세동점기의 한국인들이 서구인들

---

43) Basil Hall, *Account of A Voyage of Discovery to the West Coast of Corea* (London : John Murray, 1818), p. 33; 신복룡 · 정성자(역주), 『조선 서해 탐사기』(서울 : 집문당, 2020), p. 26.

을 기피했다는 고정 관념은 사실과 다르다. 당시 서구인과의 갈등은 모화에 젖은 지배 계급의 오판이 빚은 실수일 뿐 한국인의 보편적 정서는 아니었다. 집권자들의 그와 같은 배외 의식은 그 뒤 대한제국의 멸망이라는 비극과 무관하지 않았다.

오히려 한국인들에게 서양인의 출현은 좋은 구경거리였으며 호기심의 대상이었다. 하멜이 서울로 후송되어 사대부 집을 돌아다니며 "인간 동물원"의 노릇을 한 것은 물론이고, 선교사들이 지방을 순회할 때면 구경꾼에 치여 일을 못 할 정도였다니까 한국인에게 외국인 기피증이 있었다고는 생각되지 않는다. 예컨대 다음과 같은 기록은 한국인의 대외 인식을 잘 보여 주고 있다.

> 나의 방에는 창호지 문이 세 개가 있었는데 벽이 없는 부분에는 일시에 남녀 어린애들이 몰려들었다. 문 창호지가 모두 찢겨 나가더니, 한 무리의 지저분한 몽골족들이 얼굴을 들이밀었다. 나는 삼베 커튼을 내걸었으나 어디서 긴 장대가 나오더니 내 커튼을 방 한가운데까지 젖혀 버렸다. 그 사람들이 문으로 쏟아져 들어오더니 나와 나의 짐이 차지하고 남은 자리를 차지해 버렸다.
>
> 아낙네와 어린애들은 나의 침대에 무더기로 걸터앉아 나의 옷을 만져 보고, 내 머리핀을 빼내고, 머리를 잡아당기고, 슬리퍼를 벗기고, 옷소매를 팔꿈치까지 걷어 올려 팔을 꼬집으며 내 살과 피가 저희 것과 같은지를 조사했다. 그들은 나의 몇 개 안 되는 소지품을 조사하고 모자와 장갑을 끼고 써 보더니 왕 씨가 세 번이나 내쫓았는데도 이번에는 처녀들을 대동하고 더욱 의기양양하게 되돌아왔다.[44]

44) Isabella B. Bishop, *Korea and Her Neighbors*, pp. 126-127; 신복룡(역주),『조선과

이러한 호기심 이외에도 한국인이 외국인을 선호한 것은 관리의 수탈을 면하고자 외국인 하나쯤 사귀어두는 것이 유리했기 때문이라는 기록도 보인다.[45] 곧 한국의 관료들은 서구인들이 가지고 있던 진보된 문명의 이기利器에 대해 두려움을 가지고 있었고 서구인들은 왕실과 가까웠기 때문에 외국인들을 결코 홀대할 수 없었으며, 그 연속선상에서 외국인과 친하게 지내는 한국인들도 관리의 수탈이나 탐학貪虐으로부터 보호받을 수 있었기 때문에 한국인들이 외국인에게 호의적이었다는 것이다.

그러한 호의에도 불구하고 외국인을 습격하거나 기피하는 사건이 일어난 것은 오해 때문이었다. 외국인에 대한 양이관洋夷觀과 배격운동이 일어난 것은 소위 "어린이 유괴 소동"이라 불리는 것으로 절정을 이루었다.

그 무렵 이미 중국의 천진天津에서도 유사한 사건이 벌어져 기독교 신자와 간호원, 그리고 두세 명의 프랑스 관리를 포함한 수많은 외국인이 학살된 적이 있었다. 몇몇 사람들이 악의를 품고 외국인들이 사악한 조선인들에게 돈을 주어 어린이들을 훔쳐 의학에 사용하기 위해 심장과 눈을 떼어 간다는 소문을 퍼뜨렸다.[46]

그 이웃 나라들』, pp. 119-120.

45) Homer B. Hulbert, *The Passing of Korea*, p. 59; 신복룡(역주), 『대한제국멸망사』, pp. 68-71.

46) Lillias H. Underwood, *Fifteen Years among the Topknots*, pp. 15-17; 신복룡 · 최수근(역주), 『상투의 나라』, pp. 17-18.

2) 문명의 이기에 대한 충격

한국인들이 서구인들을 만났을 때 가장 충격적이었던 것은 문명의 이기들이었다. 그와 같은 사건의 구체적인 사례는 사진기의 신기함이었다. 사진기를 처음 본 한국인들은 그 렌즈가 사람의 눈을 빼어 박은 것이라 여겼고, 사진을 찍으면 사람의 혼이 그 사진기 안으로 빨려 들어가는 그것으로 생각했다.[47] 한국인들이 낯선 문명에 대하여 얼마나 망연자실했던가는 다음의 일화에 잘 나타나 있다.

> 블랭크Captain Blank는 대청마루에 앉아서 조용히 점심을 먹고 있었다. 한 이방인이 이상하게 생긴 음식을 먹는 것을 보기 위해 주민들이 이러저러한 구실을 대면서 하나둘씩 모여들었다. 끝내는 더 이상 구실을 댈 것도 없이 지나가던 나그네와 그 하인들을 포함하여 온 동리 사람들이 진풍경을 보기 위해 뜰 안에 몰려들었다. 드디어 뜰 안에는 땀을 뻘뻘 흘리며 조용히 관상觀賞하는 관객들로 가득 찼다.
>
> 식사를 마친 붉은 수염의 이방인은 손을 들어 의치를 빼내어 닦았다. 이에 관객들은 기겁했다. 인간이 자기 몸의 일부분을 이와 같이 조립할 수 있다는 것은 이제까지 전혀 들어보지도 못했고, 또 상상할 수도 없는 일이었다. 겁에 질린 채 비명을 지르며 관객들은 그 이방인이 자신에게 그 끔찍스러운 운명과 저주를 내리지 못하도록 도망쳤다.
>
> 그 늙은이는 자기의 우연한 행동으로 말미암아 벌어진 예기치 않은 광경을 즐기고 있음이 분명했다. 그때부터 죽을 때까지 블랭

---

47) G. W. Gilmore, *Korea from it's Capital*, p. 83; 신복룡(역주), 『서울풍물지』, pp. 57–59; W. B. Scranton, "Historical Sketch of the Korea Mission of Methodist Episcopal Church," *The Korean Repository*, Vol. V, No. 7(July, 1898), p. 261.

크 선장은 과거 어느 때보다도 더 많이 조선 사람들의 관심을 끌었다.[48)]

의학은 더욱 충격적이었다. 민비閔妃가 아파 서양의 의사들이 왕진했을 때 왕비처럼 신성한 몸에 금보다 질이 낮은 쇠붙이를 사용함으로써 육체를 더럽히는 일이 없도록 하고자 쇠붙이를 사용할 수가 없었다. 사진(絲診 : 실을 여인의 맥박에 매어 문밖에서 진맥하던 방법)과 사진(紗診 : 여인의 맥을 보려고 맥박 위에 비단을 덮고 진맥하던 방법)으로 진맥하던 왕비에게 피하 주사를 놓을 수도 없었고 용태를 직접 관찰할 수도 없는 왕비의 증상에 어의들은 속수무책이었다.[49)]

그러나 의학에 대한 이러한 경이로움의 배후에는 늘 불안과 두려움이 깔려 있었다. 그것은 그러한 의술과 함께 들어올는지도 모르는 해로운 양물(洋物 : 아편)이나 금서(禁書 : 천주학)가 함께 묻어 들어올 것이라는 점이었다.

따라서 변경의 책문柵門이나 연안의 검색을 강화하는 등의 쇄국정책은 기본적으로 국가 보전을 위한 당시로서 선택의 여지가 없는 방편이었다 하더라도 결국에는 교역이나 문물 교류를 더디게 했고 끝내는 문명 진보를 막는 역기능으로 작용했다.[50)]

조선 안에서 외국인을 만났던 사람들보다 외국에 나가 서구 문명을 직접 목격한 사람들의 충격은 더욱 큰 것이었다. 1882년에 한미수호조약이 체결되고 이듬해 박정양朴定陽 일행이 처음으로 미국에 갔

48) Horace N. Allen, *Things Korean*, pp. 18–19; 신복룡(역주), 『조선견문기』, pp. 3–4.
49) Horace N. Allen, *Things Korean*, p. 192; 신복룡(역주), 『조선견문기』, pp. 174–5.
50) 『高宗實錄』 1874년 1월 28일(壬辰)

을 때 그들은 먼저 샌프란시스코에 상륙했는데 이때 패리스 호텔Palace Hotel에 투숙한 일행은 엘리베이터를 탔다가 지진地震이 일어났다고 소동을 피웠다.

사신 일행이 워싱턴에 도착했을 때 미국 국무성에서는 의례적인 환영 파티를 열어 주었다. 이때 한국의 사신들은 미국의 외교관들과 동행한 부인들이 기생인 줄 알고 실수를 저질렀다. 너무 패인 앞가슴이 그들이 그런 오해를 불러일으키기에 충분했다.[51] 서구인의 눈에 비친 조선의 사신들은 부쉬맨Bushman과 같은 것이었다.

서구인을 처음 본 한국인의 느낌은 망연자실함이었다. 한국인들이 서구인을 만났을 때 오랑캐로 인식했다는 종래의 설명에는 문제점이 있다. 그 망연자실함은 두려움으로 다가왔고 그것이 쇄국과 자신을 지켜야겠다는 보호 본능으로 나타났다.

3) 화이관華夷觀과 문명 사이에서의 갈등

중국의 문명이 찬란하고 유구하며 방대했기 때문에 그 앞에 선 주변 국가의 국민이 그에게 복속하고 경도되었던 것은 있을 수 있는 일이었다. 그러나 그러한 자아 인식의 매몰 기간이 길었고, 그러한 탓에 중국 이외의 서방 세계에 대하여 절연하며 살았던 지배 계급의 논리는 바람직한 것이 아니었다.

그러한 화이관과 경이로운 서구 문명 사이에서 한국인들은 상당히 혼란스러웠다. 주자학적 세계관에 묘사된 바와 같이 서구는 과연 오

---

51) Horace N. Allen, *Things Korean*, pp. 160-161; 신복룡(역주), 『조선견문기』, pp. 144-147.

랑캐인가? 중국은 정말로 세계의 중심 국가[中國]인가? 조선은 과연 소중화小中華인가? 역사상 그토록 비하하던 왜倭가 서구 문물로 무장하고 다가오는 것을 어떻게 받아들여야 하나?

여기에 사태를 더욱 악화시킨 것은 서세동점기의 조선조가 지방 분권이 이뤄지지 않은 채 중앙집권제였던 탓으로 변방의 방백 수령들에게는 서구인들을 만나 교섭하는 것이 국법으로 금지되어 있었다는 점이었다.

장원 경제와 영주제 등의 봉건 제도를 경험한 일본의 경우에는 변방의 다이묘大名들이 막부의 권력으로부터 벗어나 독자적으로 외국인과 교섭할 수 있었기 때문에 서세동점에 능동적으로 대처할 수 있었다. 그러나 조선의 경우에는 그러한 정치적 메커니즘이 존재하지 않았던 것이 불행이었다.

중앙 정부가 외세에 대하여 불안을 느낀 것은 사실이지만 그것이 당시 한국인의 보편적 의지는 아니었다. 현장에서 외국인을 만났던 방백 수령의 태도는 매우 호의적이었다. 그러나 그들은 척양斥洋이라는 중앙 정부의 지침을 어길 수도 없었다.

예컨대 홀의 일행이 백령도에 상륙하자 현감이 다가오더니 제일 먼저 표시한 의사는 손으로 목을 치는 시늉을 하는 것이었다. 그것이 외국인들의 상륙으로 말미암아 주민들의 목이 달아난다는 뜻인지 아니면 침입자의 목이 달아난다는 뜻인지를 알 수 없으나 빨리 떠나라는 뜻임에는 틀림이 없었다.

그 어느 쪽이든 간에 홀은 주민들이 막무가내로 막아서는 것을 뿌리치고 마을로 들어섰다. 주민들은 종이로 배를 만들어 바람이 부는 방향을 가리키며 연신 바다로 떠나보내는 시늉을 하는 것으로 보아 홀의 상륙을 반대하고 있음이 여전했다.

이와 같은 중화사상은 당시 한국에 주재하고 있던 외국인들 사이에서도 중요한 논쟁거리였다. 데니Owen N. Denny와 묄렌도르프Georg von Moellendorff가 바로 그들이었다. 독일인으로서 통리아문統理衙門의 참판에 임명되었던 묄렌도르프는 조선이 청국의 속방이라고 확신했고, 미국인으로서 외아문外衙門의 고문이었던 데니는 조선이 독립국이라고 강변했다.

그러나 그로부터 1세기가 지난 지금, 우리는 그들을 평가하면서 가장 주의해야 할 한 가지 사실이 있다. 그것은 다름이 아니라 우리를 중국의 속방이라고 말한 묄렌도르프는 우리의 적이오, 우리를 옹호한 데니는 우리의 동지라는 논리가 성립되는 것은 아니라는 점이다. 그들은 각기 역사의 위치에서 자기의 삶을 소신껏 살아간 사람들일 뿐이다.

인간은 가슴으로 사는가, 아니면 머리로 사는가? 두 사람의 일생을 돌아본다면, 데니는 분명히 뜨거운 가슴으로 살다 간 사람이었고 묄렌도르프는 냉철한 머리로 살다간 사람이었다. 그런데 그 뒤 데니는 결국 묄렌도르프에 의해 거세되어 울분을 품고 귀국해야 하는 패배를 맛보게 된다. 이 대목에서 역사가 우리에게 들려주는 교훈은, 머리로 산 사람이 결국은 가슴으로 사는 삶을 이기더라고 하는 사실이다.

4) 착한 사마리아인인가, 배신자인가?

"미국은 우리에게 누구인가?"라는 질문은 한국의 근 · 현대사를 푸는 중요한 키워드key word이다. 역사적으로 볼 때 미국은 한국과 국교를 맺은 최초의 서방 국가이며 1882년에 체결된 한미수호조약에서 미국은 한국의 안전과 이익을 존중하겠노라고 약속한 바 있었다.

한국은 자신의 독립이 유린될 때는 이를 막아 줄 수 있는 국가로 다른 어느 나라보다도 미국에 구원을 요청할 권리를 갖는다는 말을, 한국에 거주하는 미국의 외교관들과 민간인들은 수없이 되풀이했다. 대한제국 말기의 지배 계급 중에는 미국을 "형님"big brother 정도로 생각한 사람들이 적지 않았다.

그러나 한국민에게 환난이 닥쳐오고 그토록 되풀이하던 공언이 순수한 것이었음을 입증하기 위해서라도 미국의 맑은 우의가 절실하게 필요하게 된 무렵인 1904-1905년에 이르면 미국은 그토록 약삭빠르게, 그토록 차갑게, 그토록 심한 멸시의 눈초리로 한국민의 가슴을 할퀴어 놓음으로써 한국에 살고 있는 점잖은 미국 시민들을 분노하게 했다.

기울어 가는 조국을 건질 길이 없게 되자 충성심이 강하고 지적이며 애국적인 한국인들이 하나씩 스스로 목숨을 끊는 동안에 한국 주차 미국 공사 몰간E. V. Morgan은 이 흉행의 장본인들에게 샴페인을 따르면서 축배를 들고 있었다. 다른 어느 동양 민족에게서도 맛보지 못한 정중함과 배려로써 미국 시민을 아껴 준 한 제국이 쓰러져 가면서 단말마적인 괴로움을 삼키는 모습을 보고도 그토록 무심한 채로 떠

나갔다.[52)]

미국이 한반도에 등을 돌린 것은 당초에 미국이 한반도에서 걸었던 기대감, 이를테면 대청 무역의 기착지로서의 가치나 경제적 효용도의 감소, 또는 극동에서의 일본의 가치에 역점을 두려던 외교 정책 등에 그 원인이 있었다.

미국이 한국에 대한 기대를 저버린다는 속내를 공식적으로 표시를 한 것은 태프트-가츠라 밀약(Taft-Katsura Agreement, 1905)일 것이다. 이승만李承晩의 주장처럼, 태프트-가츠라 밀약은 "한국 독립의 사망 신고서에 마지막 도장을 찍은 것이었다."[53)] 이후로 한국의 운명은 급격히 추락하기 시작했다.

그럼에도 불구하고 "대한제국 시대에 미국은 결코 한국을 배신하지 않았다"고 미국은 주장하고 있다.[54)] 왜 이렇게 말이 엇갈리고 있는가? 그것은 워싱턴에서 한국을 보는 시각이 한국의 현지 외교관이나 선교사들이 한국을 보는 시각과 크게 달랐기 때문이었다. 적어도 미국의 수뇌부에서는 한국에 중요한 가치를 기대하지 않았지만, 현지의 실무자들은 조약에 명시된 도덕적 의무와 멸망해 가는 왕조에 대한 연민 때문에 많이 괴로워한 것은 사실이었다.

이런 점에서 본다면 대한제국 시대의 서구 열강, 특히 미국은 배신자인가, 아니면 착한 사마리아인인가의 질문에 대한 대답은 획일적

---

52) Homer B. Hulbert, *The Passing of Korea*, p. 465; 신복룡(역주), 『대한제국멸망사』, pp. 276, 580.

53) Robert T. Oliver, *Rhee Syngman : The Man Behind the Myth* (New York : Dodd Mead Co., 1960), p. 84.

54) John E. Wilz, "Did the United States Betray Korea in 1905?" *Pacific Historical Review* (1985), p. 92.

일 수가 없다. 왜냐하면 국가로서의 미국은 분명히 대한제국 멸망의 묵시적 방조자였지만 현지인들은 충실한 한국의 친구들이었기 때문이다.

대한제국이 멸망하는 순간까지도 현지 외교관 · 선교사 · 사업가 · 기자들은 한국의 독립을 돕도록 교회가 나서야 한다고 요구했다. 그것은 천황 숭배라는 일본 특유의 군국주의 앞에 동방의 모범적 교회가 탄압받는 것을 용서해서도 안 되기 때문이며, 인도주의적 차원에서도 이는 용서할 수 없기 때문이었다.

당시로서 서구라파가 할 수 있는 도움은 "우리가 당신 곁에 있다"는 것을 한국인에게 알려 줌으로써 그들에게 독립을 위해 싸울 수 있는 용기를 주는 일이라는 점을 그들은 잘 알고 있었다.[55)]

5. 맺는 말

풍운의 한말사를 읽으면서 우리가 비분강개하고 애상pathos에 젖는 것은 아마도 두 가지 이유 때문일 것이다. 첫째로는 그것이 오래라면 오래라고 말할 수 있는 140년의 시차에도 불구하고 그때의 비극은 이 시대에도 지속되고 있다는 점 때문이다. 인류의 긴 역사에 비춰 볼 때 140년의 역사는 그리 먼 얘기가 아니다.

둘째로는 그때의 비극이 운명적이거나 피할 수 없는 것이 아니라

55) Frederick A. McKenzie, *Korea's Fight for Freedom* (London : Fleming H. Revell, 1920), pp. 315-320; 신복룡(역주), 『한국의 독립운동』(서울 : 집문당, 2020), pp. 273-275.

인간의 실수가 저지른 재앙이었다는 점 때문이다. 우리의 비극은 기회 상실이었고 그것은 지배 계급의 미망迷妄 때문이었다.

"역사란 윤회하는 것"(cyclical movements of a cart-wheel)[56]이라는 토인비A. J. Toynbee의 이론이 정확한 것이라면, 그 당시의 교훈은 더욱 소중할 수밖에 없다. 인간은 도덕적 계율이나 경전에서보다는 집단적 역사 체험을 통하여 더 많은 것을 배운다. 그러므로 그것이 설령 부끄러운 역사이며 되돌아보기 싫은 것이라 할지라도 우리는 우리 선조들의 삶을 되돌아보지 않을 수 없다.

새 천 년이 시작되었다고 모두가 법석이지만 어제 뜬 해와 오늘 뜬 해가 무엇이 다른가? 유구한 역사 속에 수유須臾와 같은 세월이 그렇게 흘러가고 있을 뿐이다. 그런즉 역사 앞에 겸허히 서서 온 길을 돌아보고 갈 길을 고뇌하는 길밖에 없다. 왜냐하면, "어디서 왔는지를 가르쳐 주었으니 어디로 가야 할지를 알아야 하기 때문이다."[57]

---

56) A. J. Toynbee, *A Study of History*, Vol. IX, pp. 276–277.

57) 『論語』 學而篇 : "子曰 告諸往 而知來者"

찾아보기

｜ㄷ｜

｜ㄹ｜

｜ㅁ｜

| ㅂ |

| ㅅ |

| ㅇ |

|ㅈ|

|ㅊ|

|ㅋ|

|ㅌ|

지은이 신복룡(申福龍)

충북 괴산 출생/ 건국대학교 정치외교학과 동 대학원 수료(정치학박사)/ 건국대학교 정치외교학과 교수 역임/ 미국 Georgetown 대학교 객원 교수 역임/ 건국대학교 중앙도서관장 · 대학원장 역임/ 한국정치외교사학회 회장 역임/ 건국대학교 정치외교학과 석좌교수 역임

저서

『한국분단사 연구 : 1943-1953』(한울, 2001, 한국정치학회 저술상 수상)/ 『한국정치사』(박영사, 2003)/ 『대동단실기』(선인, 2004)/ 『동학사상과 갑오농민혁명』(선인, 2006)/ 『서재 채워드릴까요?』(철학과 현실사, 2006)/ *The Politics of Separation of the Korean Peninsula 1943-1953* (Edison, NJ : Jimoondang International & Seoul : Jimoondang, 2008)/ 『한국정치사상사』(지식산업사, 2011, 한국정치학회 인재상(仁齋賞) 수상)/ 『대동단실기』(선인, 2014)/ 『해방정국의 풍경』(지식산업사, 2016)/ 『전봉준평전』(들녘, 2019)/ 『한국사에서의 전쟁과 평화』(선인, 2021)/ 『개정증보판 잘못 배운 한국사』(집문당, 2022)

역서

『민족자결주의』(A. Cobban, *National Self-Determination*, 1968 : 共)/ 『칼 마르크스』(I. Berlin, *Karl Marx*, 1982)/ 『모택동자전』(E. Snow, *Red Star over China : Genesis of A Communist*, 1985)/ 『묵시록의 4기사』(E. Penchef, *Four Horsemen : Pollution, Poverty, Famine*, Violence, 1988)/ 『한국분단보고서』(선인, 2022 : 共)/ 『현대정치사상』(L. P. Baradat, *Political Ideologies*, 1995 : 共)/ 『정치권력론』(C. E. Merriam, *Political Power*, 2006)/ 『入唐求法巡禮行記』(2007)/ 『林董秘密回顧錄』(2007 : 共)/ 『외교론』(H. Nicolson, *Diplomacy*, 2009)/ 『군주론』(N. Machiavelli, *The Prince*, 2020)/ 『한말외국인기록』(2020 : 전 11책/ 23권/ 『삼국지』(2021 : 역주, 전 5권)/ 『플루타르코스영웅전』(2021 : 역주, 전5권)